JN102259

一歩
進める　英語学習・研究ブックス

英文を正しく理解するための

学習英文法
のコツ

千葉修司

開拓社

は じ め に

　外国語としての英語を十分駆使して，求められている課題や仕事をこなすことができるようになるためには，中学・高校での英語教育を通して身につけることが期待されている基本的文法知識をもとに，それをさらに拡充・応用させた英語力を身につけなければならない。日常的に広く用いられている英語の文章や書物などを正しく理解し，また必要に応じて，自らも英語を正確に表現できるようになるためには，「一段上を目指した」文法の知識が是非とも必要となる。

　本書は，そのような目的のためにさらなる英語力の向上を願う学習者のために，重要だと思われる文法的テーマをいくつか選んで，具体的例文とともにわかりやすく解説を試みたものである。英語の基本的表現の中には，日本人学習者がふだん気がつかない重要な部分が含まれていると同時に，学習者が間違いやすい，あるいは勘違いしやすい事項も含まれていることがある。そのような事項についても，学習者の注意を促すよう配慮したつもりである。

　本書には，各節で取り上げられている文法的テーマおよびそれに関連する英語の知識に関する解説を学習者が一通り理解した後で，各自の理解度を測ることができるように，英文解釈に関する練習問題を用意してある。各英文を正しく理解できることを目指して，各節のまとめのつもりで腕試しをしてみてほしい。

　文法の学習を単なる暗記ものと捉えるのでなく，文法の中に潜

む規則性や，私たちが日常用いていることばを組み立てている仕組みについて考える重要な機会として捉えることにより，そこから，ことばの不思議な魅力的な世界の一端なりとも見えてくる可能性があるように思われる。また，そのような取り組み方により，それだけ英語学習の効果も上がるであろうと期待される。

　自分でさらに詳しいことを調べてみたいと思う学習者に役立つように，ところどころ，関連する参考文献を挙げてある。そこには，ことばの仕組みに興味を示す学習者が少しでも増えてほしいとの筆者の願いが込められている。

　本書が出来上がることとなるそもそものきっかけは，今から40年ほど前に，大学の一般教養レベルの英語講読用テキストの1つとして編纂された梶田 (1980) を手にしたとき，そこ加えられていた注の一部をなす Grammatical Notes を目にしたことによる。この文法ノートは，編者の言葉によれば，「大学の一般教養レベルの英語に頻出する構文のうち特に注意が必要なものを選んで解説したもの」であるが，これらのノートは，特定の英文テキストを読むときに役立つものというより，一般の英語学習者が広く英語を理解するときに必要となる重要な文法的知識を的確に要領よくまとめた貴重な学習資料となっている。このような文法ノートの狙いを取り入れ，これをさらに拡充・応用させて，一般の読者に利用できるような形のものにできれば，多くの英語学習者に役立つに違いないと思い，それ以来，時折思いついた文法的テーマに沿って，自分なりの文法ノートを書きためる作業を今日まで続けてきた。それがある程度の分量に達したと思われたので，ここで本書の出版を思い立った次第である。本書に取り上げた文法項目の一部は，梶田 (1980) をそのまままねたり，解説の

一部を借用した形になっているのは，筆者がその文法ノートにいかに強い影響を受けたかを物語ると言ってよいであろう。なお，本書は一般の英文法学習参考書とは異なり，扱っている文法事項が網羅的でないと思われる点があるが，本書で取り扱っていないような基本的文法事項については，そのような学習参考書などにより必要な知識を各自補っていただきたい。

　筆者がこれまで書きためてきた文法ノートの中には，その一部が簡約版として千葉（2005, 2019b）などの形で刊行されたものもあり，また本書の続編として，さらにその内容を言語学研究風にまとめた形のものが千葉（2021）として出版されている。本書が筆者の願いどおりに，日本における英語学習者の英語力向上のためにいささかなりとも役立つことがあれば幸いである。

　本書の出版を快く引き受けてくださった開拓社と，原稿査読の段階から出版に至るまでの全工程において，ひとかたならぬお世話になった川田賢氏に心より感謝申し上げる。

　2021 年 6 月

千葉　修司

目　次

名詞表現

1.1. 所有を表す名詞表現

A. a. a friend of mine

b. *the friend of mine

　　[*は「非文法的文（表現）／誤文」であることを表す]

c. the friend of mine whom I spoke to yesterday

B. Mary's story（以下の3つの解釈が可能な曖昧な（ambiguous）表現）

a. メアリーに関する物語

b. メアリーが書いた物語

c. メアリーの抱いている物語（たとえば，メアリーが本にしようと考えている物語など）

　日本語の「ジョンの本（＝ジョンの所有している本）」に対応する英語の表現には，少なくとも次の2つが考えられるが，その本が特定の本であるかどうかに関して，それぞれ意味が異なる。

(1)　John's book（ジョンの所有している特定の本）

　　＝the book belonging to John

(2)　a book of John's（ジョンの所有している，ある（1 冊の）本）
　　　= a book belonging to John

ただし，(1) の表現を (3) のように言い換えることはできない。

(3)　*the book of John's

これを正しい英語にするためには，後ろに with a blue cover（青い表紙の）などの前置詞句や that you read（君の読んだ）などの関係詞節を置いて，前の部分を意味的に限定しなければならない。

(4)　the book of John's with a blue cover
(5)　the book of John's that you read

一方，(1) の表現そのものは，関係詞節を用いて次のように表すことはできない。

(6)　*John's book that you read

「ジョンのその本」に対応する英語は (7) であり，これを (8) のように言うことはできない。

(7)　that book of John's
(8)　*{that John's / John's that} book
　　　[*{A/B} = {*A/*B}，すなわち A も B も誤文であるという意味]

これはちょうど，(9) のような言い方をせずに，(2) のように言うのと同じである。

(9)　*a John's book / *John's a book

　John's book には，(1) に挙げた所有の意味のほかに，「ジョンが書いた本」の意味もある。John's picture のような場合には，次の3つの異なる解釈が可能である（例文 B 参照）。

(10)　John's picture
　　　a.　the picture that John has（ジョンが所有している絵）
　　　b.　the picture that John painted（ジョンが描いた絵）
　　　c.　the picture of John（ジョンを描いた絵）

「ジョンを描いた絵」のような場合，所有格を用いて，これを次のように表すことはできない。

(11)　*{a/the} picture of John's

destruction や reception などのように，形態的・意味的に関連する動詞（destroy や receive）を持つ名詞（⇨§2.1「節に相当する名詞句」）の前に所有格の修飾語が付く場合，それが destroy, receive などの動詞の主語として解釈されるのか，それとも目的語として解釈されるのかに関して曖昧になることがある。たとえば，

(12)　the enemy's destruction of the city
　　　（敵がその都市を破壊すること）
(13)　the city's destruction by the enemy
　　　（敵によってその都市が破壊されること）

のような例の場合は曖昧な解釈にならないが，our destructionのように，目的語を表す of ... の部分も，行為者（Agent）を表す by ... の部分も示されていない場合には，(14)，(15) のいず

れの文とも関連づけて解釈することができるので曖昧になる。すなわち，our が (14) の we に相当するのか，(15) の us に相当するのか，そのいずれとも解釈できることになる。

(14)　We destroy something.

(15)　{Someone／Something} destroys us.

次のような場合も同じである。

(16)　Susie's reception (ambiguous)

(17)　Susie's reception of her guests
　　　（客に対するスージーの接待）
　　　cf. Susie receives her guests.

(18)　Susie's reception by her friends
　　　（友達によるスージーの接待）
　　　cf. Susie is received by her friends.

例文 (10) の名詞 picture の場合にも，それに対応する動詞としての picture（すなわち「～を絵や写真で表す，描写する」）の用法がある。したがって，John's picture の場合も，John が動詞としての picture に対する主語および目的語のいずれにも解釈可能なので，少なくとも，(10b, c) のいずれの解釈も許されることになる。なお，名詞 picture の場合は，動詞 picture の場合と異なり，意味の上で目的語に相当する語を後ろに置くときは，*the picture John ではなく，the picture of John のように前置詞 of を間に挿入しなければならない。同じように，動詞 study の場合には，study English（英語を学習／研究する）のように，目的語をすぐ後ろに置くことができるが，study に対する名詞表現の

student（学習／研究する人，学生／研究者）の場合には，a student of English (cf. *a student English) のように，of の助けを借りなければならない。

　ちなみに，「彼女は MIT の学生／教授です」を表す英語の文の1つとして，She is a student/professor of MIT. のような文を日本人英語学習者が用いる傾向が見られるが，この場合は，前置詞 of の代わりに「場所を表す」at を用いるのがよい。上の文の a student/professor of MIT は「MIT を研究している学生／教授」のような意味になるからである (cf. a student of economics/linguistics（経済学／言語学専攻の学生（また経済学／言語学を研究している人）))。ただし，「MIT の学生／教授一般」を指す場合には，The students/professors of MIT are ... (MIT の学生／教授は一般的に ... である）のように，前置詞 of（または in）も用いることができる。「MIT の言語学専攻の学生」は a student of linguistics at MIT となる。「私は MIT の学生です」は I am an MIT student. のようにも言える。また，「次の講演者は，MIT の Barbara Smith 教授です」のように人を紹介するときには，Our next speaker is Professor Barbara Smith of/from MIT. のように言う。

Exercises

(a) Did you enjoy Aristotle's portrait by Rembrandt in the museum?　［注：Aristotle [érəstɑ:tl, ǽrɪstɑtl]「アリストテレス」；Rembrandt「レンブラント」; portrait の動詞形は portray］

(b) I had a picture of Sarah, enlarged from a snapshot, face-down on my desk.

［注：face-down「伏せた状態で」cf. face-up「表面を上に向けて」］

(c) You should've listened to the story of John's that I told them about.

(d) Much controversy has been raised as to whether Richard was or was not guilty of his nephew's murder.

(e) The committee's appointment was a surprise. (ambiguous)

1.2. 数量詞のかかり方

A. <u>Many</u> people go to the restroom <u>every</u> hour.
   (ambiguous)

B. <u>Many</u> of his friends I didn't see.

C. <u>Not many</u> of his friends did I see.

A. a. 1時間ごとにお手洗いに行く人が大勢いる。

   b. 毎時間大勢の人がお手洗いに行く。

B. 彼の友人の中で私が会わなかった人が沢山います。

C. 私は彼の友人の多くの人に会ったわけではない。

---

all, any, both, each, few, many, some, a, one, two, five などのように数量を表す語を「数量詞 (Quantifer, Q)」と言う。同一の節の中に2つの数量詞が用いられている時には，全体としてその文の持つ意味がふた通りに異なって解釈されることがある。たとえば，その2つの数量詞の1つが時または場所

を表す副詞の中に含まれているような場合には，その2つの数量詞の意味的な係り具合に関して2つの異なる解釈が可能になる。

(1)　I read <u>many</u> books <u>every</u> day.
　　　(a. 毎日（欠かさず）私が読む本がたくさんある。
　　　 b. 私は毎日たくさんの本を読む)

(2)　I met <u>many</u> people at <u>all</u> the meetings.
　　　(a. そのすべての会議の席で私が出会った人がたくさんいる。
　　　 b. そのすべての会議において，私は多くの人に会った)

　すなわち，(1a) の解釈では，「その同じ（多くの）本を私は毎日読む」のであり，また，(2a) の解釈では，「私はその同じ（多くの）顔ぶれの人たちにどの会議の席でも会った」ことを意味している。一方，(1b) の解釈によると，私が毎日読むその多くの本は毎日同じ本である必要はないし，また (2b) の解釈によると，私が会議の席で会ったその多くの人たちの顔ぶれは会議ごとに異なっていてもよい。この (a), (b) の解釈の違いは，たとえば (1) の場合を例にとると，「私が毎日（every day）読むような本の数が多い（many）」と言っているのか，「私が多くの本（many books）を読むということが毎日（every day）続いている」と言っているのかの違いである。前者のような解釈を「数量詞 many の作用域が数量詞 every の作用域の外側にある解釈」と言い，これを many > every のように表すことができる。一方，後者のような解釈を「数量詞 every の作用域が数量詞 many の作用域の外側にある解釈」と言い，これを every > many のように表すことができる。したがって，(1), (2) のように，一方の数量詞が時

または場所を表す副詞の中にある場合には，どちらの数量詞の作用域が外側に来るかということに関して，一般的にふた通りの異なる組み合わせが可能になる。

　以上のことからもわかるように，1つの文の中に数量詞が2つ（以上）含まれているような文を正しく理解するのは，少々やっかいなところがあり，慣れるまでに，ある程度の時間と「頭の訓練」を要すると言えるかもしれない。一般的に言えることとして，次のようなストラテジー（翻訳技術）を身につけていると役に立つであろう。すなわち，表面的に現れた数量詞の語順どおり，左から順に日本語に置き換えていくような，ある意味で素直な（直訳調の）日本語訳を与えると，2つの異なる意味のどちらの方のことを言っているのか曖昧になりやすいので，上に示したように，内側に来る数量詞の方をまず先に訳し，外側に来る数量詞を後に訳すような感じの日本語訳を工夫すると，一般的に，どちらの方の意味のことを言っているのかが把握しやすい日本語訳が出来上がる可能性が高いと言えるであろう。

　数量詞のふた通りの組み合わせのうち一方の解釈が意味的に不自然な内容を表すような場合には，もう一方の解釈だけが許されることになる。

(3) <u>Many</u> people come to Japan <u>every</u> day.
（日本に多くの人がやってくるのは毎日のことである。＝毎日多くの人が日本にやって来る）

(4) <u>Many</u> people die <u>every</u> day.
（多くの人が死ぬのは毎日のことである。＝毎日多くの人が死んでいく）

　すなわち，(3)，(4) において自然な解釈となるのは，日本語訳に示したように，数量詞 every の作用域が数量詞 many の作用域の外側にある場合だけである。もう一方の解釈，すなわち，「日本に毎日（欠かさず）やって来るような人が大勢いる。」および「毎日死ぬような人が大勢いる。」は実際問題として不自然な意味内容を表す，語用論的におかしな文となるので，普通は許されない。（このように，言語表現とそれが表す現実世界との関係を特に問題とするような言語研究を「語用論（pragmatics）」と呼ぶ。）

　次に，(5)，(6) のように一方の数量詞が主語の中に，そしてもう一方の数量詞が目的語の中に含まれているような場合には，左側にある数量詞の作用域の方が右側の数量詞のそれよりも外側に来るような解釈の方がふつう選ばれる。

(5)　Many girls like all movie stars.
　　（映画スターなら皆好きだというような女の子が多い）

(6)　Many detectives interrogated every suspect.
　　（容疑者を 1 人残らず尋問した刑事が大勢いた）

　このような文を受け身の文に換えると 2 つの数量詞の順序が入れ替わることになる。特に，右側の数量詞を左側の数量詞よりもさらに左側に動かしてできるような文の場合には，一般的に，数量詞の作用域の関係が元の文の場合とは逆になる。下の図を参照。この図は，たとえば，能動態の文を受動態の文に換えるときに，数量詞を中に含む 2 つの名詞句 NP₁ と NP₂ の語順が入れ替わることになり，したがって，2 つの数量詞の位置も入れ替わることを表す（NP＝Noun Phrase（名詞句），V＝Verb（動詞））。

(7) All movie stars are liked by many girls.
(多くの少女に好かれているというのはすべての映画スターについて言えることだ。＝すべての映画スターが多くの少女に好かれている)(cf. (5))

(8) Every suspect was interrogated by many detectives.
(多くの刑事に尋問されたというのはどの容疑者についても当てはまる。＝どの容疑者も多くの刑事によって尋問を受けた)(cf. (6))

ただし，次の (9) のような文は，(6) のような文を基にしているが，左側にある数量詞だけを移動することによりできた文であるので，(8) のような受動態の文とは異なり，数量詞の作用域の関係は元の文の場合と同じになる。

(9) The interrogation of every suspect by many detectives took a long time.
(どの容疑者をも尋問した刑事が大勢いたので，時間がかなりかかった)

There で始まる存在文 (there 構文) の場合には，右側にある数量詞の作用域の方が左側の数量詞の作用域よりも外側に来るような解釈の方が一般的に選ばれる。

(10) There are some girls in every class.

（どのクラスにも何人かの少女がいる）

［ただし，この場合 some の発音は [səm] または [sm̩] のよう
になる。記号 [m̩] は子音が音節の中心をなすような子音，す
なわち「音節主音的子音／成節子音」としての [m] の音を表す。
cf. kitten [kítn̩]，little [lítl̩]］

　数量詞の作用域が，単に数量詞の表面上の左右関係だけでは決
まらない場合として，次のような例がある。

(11)　Fathers of <u>many</u> children read <u>few</u> books.
　　　（ほとんど本を読まない父親を持つ子供たちの数は多い＝父親
　　　がほとんど本を読まないというような子供たちの数は多い）

(12)　Fathers with <u>many</u> children read <u>few</u> books.
　　　（子供の多い父親はほとんど本を読まない）

　すなわち，上の2つの文において，many と few の表面上の
左右関係は同じであるが，その作用域の関係は，それぞれ many
> few および many < few となる。この意味解釈の違いは，2つ
の前置詞句 of many children および with many children の fa-
ther に対する修飾関係の違いによる。

　同一の節の中に数量詞と否定語 not が現れたときには，数量
詞の種類によってふた通りの解釈が可能になる。まず，all, ev-
ery, both, many, much, a lot of, a dozen などの数量詞の場
合は，not と数量詞のうち，表面上左側に来る語の作用域の方が
右側に来る語の作用域より外側にあるように解釈するのが普通で
ある。たとえば，(13) とその受け身文 (14) は，数量詞と否定
語の順序が異なるので，それぞれ not ＞ many および many ＞

not のような解釈になる。

(13) The students didn't solve <u>many</u> of the problems.
(学生たちにその問題の多くが解けたわけではない)

(14) <u>Many</u> of the problems weren't solved by the students.
(その問題の多くは，学生たちには解けなかった＝学生たちに解けない問題がたくさんあった)

一方，(15) は not が many の左側にあるので，not > many の解釈，すなわち (13) と同じ「部分否定」の意味になる。

(15) <u>Not many</u> of the problems were solved by the students.　(＝(13))

次に，a few, a little, a couple of, several, some, most, a number of, a good deal of, plenty of などの数量詞の場合は，否定語の方が左側にあっても，数量詞の作用域の方が否定語の作用域よりも外側にあるような解釈になる（すなわち，部分否定にならない）。

(16) We haven't read {a few / several / some} books.
(私たちがまだ読んでいない本が {2, 3 冊／数冊／何冊か} あります)

always や sometimes などの副詞が否定語と共に同一の節の中に現われるときの解釈も，副詞の種類に応じて 2 つの場合に分かれる。まず，always, every time, often, frequently などの副詞の場合は，副詞と否定語のうち左側に来る語の方が外側の作用域となるような解釈となる。

(17) I don't {always / often} attend class.

（私は授業に出席するのが {常／しばしば} だというわけでは
ない）

(18) {Always / Often}, I don't attend class.

（{常に／しばしば} 私は授業に出席しません）

(19) Not {always / often} do I attend class.　(= (17))

　一方，sometimes, occasionally, usually, generally などの副
詞の場合は，否定語の方が左側にあっても，それらの副詞の作用
域の方が外側にあるような解釈となる（すなわち，部分否定にな
らない）。

(20) My brother didn't come home {sometimes / occasion-
ally}.

（私の兄は家に帰って来ないことが時々ありました）

(21) {Sometimes / Occasionally} my brother didn't come
home.　(= (20))

　数量詞，否定語，副詞の間に見られる作用域に関する以上のよ
うな原則は，強調のための強勢を置いたり，イントネーションを
変えることにより，異なる解釈が可能となることがある。たとえ
ば，次の例文（22）の普通の解釈は，上の原則（cf. (5)-(8)）に従
うと，(a) のようになるが，few に強勢を置いて発音したような
場合には (b) のようになる。

(22) Many men read few books.

（a. 本をほとんど読まない人がたくさんいる。

b. 多くの人に読まれるような本というのは数えるほどしかない）

また，(23) は (a) のように all に強勢を置き，下降調のイントネーションで読むと全文否定の解釈となるのに対し，(b) のように all に強勢を置き，上昇調のイントネーションで読むと部分否定の解釈となる。

(23)　<u>All</u> the men did<u>n't</u> go.　(ambiguous)

   a.　ALL the men didn't go.　↘

      （その人たちの中の誰も行かなかった）［全文否定］

   b.　ALL the men didn't go.　↗

      （その人たちの全員が行ったのではない）［部分否定］

次の文は，all – not の語順であるのに，諺としては部分否定として解釈される。すなわち，all > not の解釈（すなわち，「光るものは何であれ金ではない」）では，事実に合わないことになるので，語用論的におかしな内容の文だということになる（例文 (3)，(4) 参照）。したがって，この場合は，部分否定の解釈だけが事実とも矛盾しない自然な解釈の文として残ることになる。

(24)　All that {glitters / glisters / glistens} is <u>not</u> gold.

    （光るものすべてが金であるわけではない）

   cf.　A rolling stone gathers no moss.

     ［本来の諺の意味は「転石苔を生ぜず」（すなわち「コロコロ職を変える人は成功しない」）のようなものであるが，いろいろと動き回る（活動する）ことを，むしろ美徳と捉える解釈もある］

数量詞の作用域についてさらに詳しくは，池内 (1985)，加賀 (2001) 参照。

Exercises

(a)　Every rule has some exceptions.

(b)　Some tourists visited all the museums.

(c)　A girl took every chemistry course. 〔注：a girl の a (= one) も数量詞の 1 つであることに注意；course「授業，科目」〕

(d)　At least two languages are known by everyone in this room. (cf. Everyone in this room knows at least two languages.)

(e)　John met everyone in some Italian city.　(ambiguous)

(f)　I didn't see many of the pictures.

(g)　Many people didn't attend the party.

(h)　Frequently all the men went into the tavern.
　　〔注：tavern「酒場，バー」〕

(i)　All the men went into the tavern frequently.

1.3.　数量詞の位置

A.　All of them are college students.

B.　They are all college students.

C. *I sent Susan pretty little boxes three.

D.　I sent Susan three pretty little boxes.

A. B.　　彼らはみんな大学生です。

***C. D.**　　私はスーザンにきれいな小箱を 3 つ送りました。

---

　all, each, both などのような数量詞は，被修飾語と一緒になって主語の名詞句の一部になることもあれば，被修飾語から離れた位置（すなわち動詞句の内部）に生ずることもある。

(1)　Each of the men will have been hit by the girl.

(2)　The men each will have been hit by the girl.

(3)　The men will each have been hit by the girl.
　　（今頃はその男たちは皆その少女に殴られてしまっていることだろう）

(4)　Both of the men will have been paid by Saturday.

(5)　The men both will have been paid by Saturday.

(6)　The men will both have been paid by Saturday.
　　（土曜日までにはその二人のどちらも支払いを受け取っていることだろう）

　例文 (2), (3) のような場合，(1) とは異なり each は主語の一部ではなく，副詞として動詞句の一部をなすことになるので，次のような例文においては，each に呼応させた単数形助動詞 has を用いることはできないことに注意（日本語の「その男たち一人ひとりが」に引かれると，has が許されるような錯覚に陥るかもしれない）。

(7)　The men each {have / *has} been hit by the girl.

　数量詞が動詞句の内部に現れる場合，その数量詞の右側の位置が表面上空白になっていて，そこに意味を決めるのに必要な語句が省略されていたり，なくなっているときには，数量詞を have, be などの（助）動詞の前に置かなくてはならない。

(8)　My brother has studied karate, and my sisters {all have / *have all} ___, also.

（私の兄は空手を研究しましたが，私の姉妹たちも皆そうです）

(9)　They said our children would be polite and polite they {all are / *are all} ___.

（我々の子供たちは礼儀正しい子供になるでしょうと彼らは言いましたが，実際，うちの子供たちは皆そうです）

(10)　I don't know what they {all are / *are all} ___.

（いったい，それらがすべて何なのか私にはわからない）

cf.(11)　I don't know what they are all about ___.

（いったい，それらがすべて何についての物なのか私にはわからない）

例文（8）においては，___ の位置に意味上必要な studied karate が省略されている。(9) においては，… and they {all are / are all} polite のように，___ の位置にもともとあった形容詞 polite がその節の最初の位置に動かされた結果，そこが空白になっている。また，(10) においては，もともと ___ の位置にあった疑問詞 what が（間接）疑問文を作るために動かされた結果，そこに空白ができたものである。

　数量詞の代りに「頻度」を表す副詞（always, never, often, rarely, etc.）が用いられているような場合にも同じことが言える。

(12)　You say John admires Susan now, but he {always has / *has always} ___.

（君はジョンがスーザンを今や崇拝していると言うが，彼はこれまでもずっとそうだったよ）

(13)　They used to be Socialists, but Communists, they {never were / *were never} ___ .

（彼らは以前社会主義者であったが，共産主義者であることは 一度もなかった）

　上で見たように，数量詞が被修飾語から離れた位置に現れるの は，主語の名詞句の場合に限られたことではない。目的語の名詞 句についても同じようなことが起こることがある（[NP …], [VP …] は，その部分がそれぞれ名詞句（NP），動詞句（VP）を なすことを表す）。

(14)　Jack proved [NP all of those girls] to be Martians.

(15)　Jack proved [NP those girls] [VP to all be Martians].

（ジャックはその少女たちがみんな火星人であることを証明し た）

(16)　I ordered [NP each of the boys] to have finished the work by noon.

(17)　I ordered [NP the boys] [VP to have each finished the work by noon].

（私は正午までにその仕事をし終えるようにと少年たち一人ひ とりに命じた）

　all, each, both などのほかに a few, many あるいは one, three, ten などの数詞も数量詞の仲間である。これらの数量詞 は，three を例として挙げるならば，次のような用い方をする。

(18)　{three (of the men) / (the) three men / *three of men / *three the men}

　日本語では「10 枚の切手（を買う）」のほかに「切手を 10 枚（買う）」のように，数詞を被修飾語から切り離して用いることができるが，英語では，ten stamps のように，数詞を被修飾語の前に置かなければならない。したがって，たとえば，「\$1.15 の切手を 10 枚ください。」は英語では（19）のようになり，（20）のように言うことはできない。

(19)　Please give me <u>ten</u> \$1.15 stamps.

(20)　*Please give me \$1.15 stamps <u>ten</u>.

Exercises

(a)　Australians average about 1,000 oysters each a year.

　　　［注：average「（平均して）… の数だけ〜することになる」］

(b)　The fighters are now being systematically all destroyed by the enemies.

(c)　These expressions are used to distinguish shades of meaning which could all be expressed by the same form in the sixteenth century.

　　　［注：shades of meaning「意味のわずかな違い，ニュアンス」］

(d)　All monasteries are under the control of the Chinese state. Since 1980, the monks who manage them have each had a government representative as their superior.

　　　［注：monastery「（通例男の）修道院，僧院」］

(e)　The finance ministers and central bank governors revalued the West German mark and Dutch guilder by 3 percent each and the Belgian and Luxembourg francs by 2 percent each effective immediately.

［注：governor「総裁」; revalue … effective immediately「～の通貨価値切り上げを直ちに実施する」; West German「（1990 年の東西ドイツ統一以前の）西ドイツの」; mark「ドイツの旧通貨単位マルク」; guilder「オランダの旧通貨単位ギルダー」; franc「フランス／ベルギーなどの旧通貨単位フラン」］

(f)　The young all talk about originality—each one being himself or herself—but that's just brave talk if it's not based on some vision of what one could really be.

［注：the young「若者」; just brave talk「単なる立派な意見（に終わってしまう）」］

1.4.　each other

A. *"Let's work hard each other," Tom said.

B. "Let's work hard," Tom said.

C. *We know what each other wants.

D. We each know what the other wants.

---

*A. B.　「お互いに頑張ろう。」とトムは言った。

*C. D.　私たちはお互いが何を欲しているのかを知っている。

英語の each other は日本語の「（お）互い（に）」に相当するが，

常に同じように用いることができるわけではない。特に重要な違いは，each other が副詞ではなく名詞であるということである。したがって，each other を hate, love などの他動詞の目的語として用いて，たとえば (1) のように言うことはできるが，each other を前置詞なしでこれだけで副詞として用いて，(2) や (3) のように言うことはできない。

(1)　They {hate / love} each other.
　　　　（彼らは互いに {憎み／愛し} 合っている）
(2)　*They quarreled each other.
　　　　（彼らは互いに言い争った）
(3)　*We said good-by each other.
　　　　（我々は互いに別れを告げた）

これはちょうど (4) や (5) のように言うことができず，それぞれ，動詞に合わせて適当な前置詞を用いて，(6) や (7) のように訂正しなければならないのと同じである。

(4)　*They quarreled us.
(5)　*We said good-by the teacher.
(6)　They quarreled with us.
(7)　We said good-by to the teacher.

すなわち，名詞である each other の場合も，次のように，適当な前置詞とともに用いなければならない。

(8)　They quarreled with each other.
(9)　We said good-by to each other.

同じように，each other を副詞として用いた (10) のような文も誤りである。

(10) *Let's enjoy our college life <u>each other</u>.
（お互いに大学生活を楽しみましょう）

この場合は，each other を用いないで (11) のようにすればよい。

(11) Let's enjoy our college life.

each other を用いた文は通常次のように，each と other(s) を分離して用いた文に言い換えることができる。

(12) <u>Each</u> of them {hates / loves} <u>the other</u>(s). (cf. (1))

(13) <u>Each</u> of them quarreled with <u>the other</u>(s). (cf. (8))

(12), (13) において，単数形 the other を用いるのは，them で表されている人の数が 2 人だけの場合であり，複数形 the others を用いるのは，3 人以上の人が含まれている場合である。

each other は，次の例文 (14), (17) のように，たとえ主節の中にその先行詞に相当する名詞句があったとしても，従属節の主語として用いることはできない。ただし，(16) のように，each other が不定詞の意味上の主語として用いられている場合は許される。

(14) *The candidates expected that <u>each other</u> would win.
(cf. 例文 C)

(15) The candidates each expected that <u>the other</u>(s) would win.

（候補者たちは互いにほかの候補者が勝つだろうと思っていた）

cf. (16)　The candidates expected each other to win.

　(17)　*They would be happy [if each other won].

cf. (18)　Each of them would be happy if the other(s) won.

　　　　（彼らは互いに相手が勝てば喜ぶだろう）

Exercises

(a)　They kissed each other and danced together as the band played "Good Night, Sweetheart." ［注：as「～の間」］

(b)　Instead of speaking formally to each other, they joked with each other. ［注：formally「礼儀正しく，堅苦しく」］

(c)　They sat at long tables, calling to each other through food-stuffed mouths. ［注：sit at (the) table「食卓につく」；food-stuffed「食べ物を詰め込んだ」］

(d)　Foreigners can understand each other and share meaningful experiences only when each knows and appreciates the other's culture.

(e)　The Japanese and the Americans have been meeting each other more and more often over the past 150 years. They are, however, very different from each other in many ways.

(f)　"When you got up, did you behave normally towards each other?"—"We did not say a single word to each other."

1.5. 名詞＋of＋名詞

A. My father bought a set of golf clubs.

B. Jane has a wealth of information about computers.

C. She is an angle of a woman.

A. 私の父は1組のゴルフクラブを買いました。

B. ジェーンはコンピュータに関する豊富な知識を持っている。

C. 彼女は天使のような人だ。

「名詞＋of＋名詞」という形の名詞句表現は a friend of mine や the king of England などのように，ふつう1番目の名詞が意味上の中心（これを「主要部」と呼ぶ）となり，of＋2番目の名詞がその修飾語句となる。たとえば，the king of England は「英国の王」であり，「その王の英国」ではない。しかし，1番目の名詞が bunch, cup, group, number のような数・量を表す名詞の時は，その1番目の名詞が主要部となるような解釈だけでなく，2番目の名詞が主要部（で1番目の名詞＋of がその修飾語句）となるような解釈も可能になる。たとえば，a cup of sugar は「砂糖の入った1つのコップ」および「コップ1杯の砂糖」の両方の意味に解釈できる。したがって，a cup of sugar はこのままの形では曖昧になるが，次の例文 (1), (2) のような具体的文脈で用いられると，それぞれ下線部が主要部となるような一方の解釈だけが許されることになる (cf. 梶田 (1980: 89-90), 池内 (1985:

Ch. 2））。

(1)　A cup of sugar smashed on the floor.
（砂糖の入ったコップが1つ床の上でこなごなになった）

(2)　A cup of sugar was strewn on the floor.
（コップ1杯の砂糖が床の上にばらまかれた）

a bunch of those flowers のように，1番目の名詞が単数で，2番目の名詞が複数の場合，そのどちらの名詞を意味の中心と考えるかによって，それを受ける動詞の形が異なることがある。

(3)　A bunch of those flowers {was / were} thrown out on the back lawn. （{それらの花の1束／1束分のそれらの花} が裏の芝生の上に投げ出された）

1番目の名詞が主要部となる場合と，2番目のものがそうなる場合とでは，一般的に，次のような点においてもまた違いが見られる。まず1つ目の違いとしては，前者の場合には，of＋名詞の部分だけを文の終わりに移動させることができるのに対して，後者においてはそれができないということを指摘することができる。

(4)　How many pounds of those apples did you buy?
（そのリンゴを何ポンドほど買いましたか）

(5)　How many pounds did you buy of those apples?

(6)　How many pounds of apples did you buy?
（何ポンドのリンゴを買いましたか）

(7)　*How many pounds did you buy of apples?

　(4) と (6) の重要な違いは，(4) の場合，前置詞 of を含む下線部全体が 1 つの意味的まとまりをなすのに対し，(6) の場合，下線部 of apples が意味的まとまりをなさず，前置詞 of はむしろ (how many) pounds と一緒になって意味的まとまりをなすという点にあると考えられる。さらに，一般的に，意味的まとまりをなす部分を移動するのは許されるが，そうでない部分を移動する場合には無理が生じると考えることにより，上で見たような (5) と (7) の違い（文法的かどうかについての違い）が生じることが説明できるであろう。

　1 番目の名詞が主要部となる場合と，2 番目のものがそうなる場合とで違いが見られる別の現象として，さらに次のようなものがある。すなわち，前者の場合には，下記例文 (8), (9) に見るように，2 番目の名詞 (answers) の後にある修飾語句をその名詞より切り離して移動させることができないが，後者の場合には，下記例文 (10), (11) に見るように，これが可能となる（下の例文では，主要部を太字体で示すとともに，意味的まとまりを [ ] で括って示してある）。

(8)　A **review** of [(certain) answers to your argument] was considered.

　　（あなたの議論に対する（あるいくつかの）返答に関するある 1 つの批評が検討された）

(9)　*A **review** of (certain) answers was considered to your argument.

(10)　[A number of] [**answers** to your argument] were considered.

（あなたの議論に対するいくつかの返答が検討された）

(11)　A number of **answers** were considered to your argu-
ment.

以上の事実から，次のようなことが理解できるであろう。すなわ
ち，(8)，(10) のいずれにおいても，下線部 to your argument
は 2 つ目の名詞 answers を修飾しているが，下線部を移動でき
るのは，(10) のように，2 つ目の名詞それ自身が主要部となっ
ている場合のみであることがわかる。

例文 (10) の a number of と同じような用い方をする表現の例
としては，ほかに次のようなものがある。loads of time（たっぷ
りした時間），dozens of daffodils（何十もの水仙），a variety of
reasons（いろいろな／多くの理由），several items of news（いくつ
かのニュース），a series of incidents（一連の事件），a set of chairs
（ひとそろいの椅子），a range of mountains（山並み／山脈），a
string of pearls（真珠ひとつなぎ），a row of houses（立ち並んだ家
／家並み），an array of information（きちんと整理された情報），
two centuries of efforts（200 年にもわたる努力），a wealth of ex-
perience（貴重な経験）。

「名詞 + of + 名詞」の形をもつ名詞句表現の中には，「名詞 +
of」の部分が「まるで〜のような」「〜にも似た」のように，比喩
あるいは比較を表す形容詞として後ろの名詞を修飾する働きをす
る表現がある。an angel of a child（天使のようなかわいい子供），a
love of a dog（かわいい犬），a jewel of a cup（貴重なコップ），a
passion of fear（発作的に起こる恐怖感），a storm of crying（嵐の
ような泣き叫び），a devil of a fellow（すごいやつ），a rascal of a

man（ごろつきのような男），that beast of a Fingal（あの獣のような
フィンガルのやつ），a bear of a man（熊のような男），a ship of a
girl（ひょろ長い女の子），that flower of a girl（あの花のような少
女），a duck of a bonnet（すてきなボンネット），an oyster of a
man（無口な人），that madhouse of a Parliament（あのてんやわん
やの／蜂の巣をつついたような国会）。

(12) My <u>fool</u> of a doctor told me to make my will.
（私の愚かな医者は，私に遺言を書くように言った）

(13) You seem in a <u>devil</u> of a hurry to get rid of me.
（あなたは私から逃れようとひどく急いでおいでのようですね）

(14) She broke suddenly into a <u>passion</u> of tears.
（彼女は突然わっと泣き出した）

　これらの表現の1番目の名詞としては，何か強大で攻撃的な
もの，何か弱々しくて小さなもの，何か特別によくて望ましいも
の，あるいは，逆に，何か特別に悪くて望ましくないものを表す
名詞がふつう用いられる。

　これらの表現の特徴として指摘できるのは，2番目の名詞とし
て，数えられる名詞の単数形が用いられるときは，不定冠詞
a/an と共に用いるという特徴である。したがって，*a bear of
man，*a ship of girl のような言い方はしない。

　そのほか類似の表現として次のようなものがある。a {bull/ti-
ger} of a man（{雄牛／虎} のような男），a {wisp/midget} of a
girl（{ほっそりした／ちっちゃな} 女の子），a {honey/peach} of a
woman（すてきな女の人），a {hell/mess} of a situation（{ひどい
／めちゃめちゃな} 状態）

Exercises

(a) There were a bunch of people at the party.

(b) A pair of gloves was lost at the party, weren't they?

［注：この文では，動詞 was は1番目の名詞 a pair に合わせた単数形をとり，一方，代名詞 they は2番目の名詞 gloves に合わせた複数形となっていることに注意］

(c) The herd of elephants was larger than I thought.

(d) The herd of elephants were stampeding toward us.

［注：stampede「（家畜などが驚いて）いっせいにどっと集団暴走する」］

(e) Of the carrots that I was talking about, two bunches were used.

(f) Nakasone will hold two rounds of talks with Reagan on April 30 and May 1.

［注：round「（一連の会談などの）一区切り」］

(g) Collectors and enthusiasts admire rows of dolls collected from the world over for auctioning in Vienna.

［注：auction「競売にかける」］

(h) I wanted to sit up. I am sort of a bony person and after I have been lying on something hard for a long time, I get very uncomfortable. ［注：sit up「起き上がる」；sort of「いわば」⇨ § 1.6「kind of / sort of」］

(i) "Do you know what that brute of a father was doing when I left? He was laughing! Drinking and laughing with his friends."

1.6. kind of / sort of

A. It's <u>kind of</u> silly.

B. The water tasted <u>sort of</u> strange.

C. She <u>kind of</u> hoped to be invited.

A. それはちょっとばかりばかげています。

B. その水は何だか奇妙な味がしました。

C. 彼女は，どちらかというと，招待されるのを望んでいました。

---

kind of / sort of は「幾分」「ちょっとばかり」「いわば」「どちらかというと」の意味の副詞で，特に，用いている表現が必ずしも正確ではないことを示したり，語調を和らげたりするための口語的表現として用いられる。

(1) I'm <u>kind of</u> hungry. (私はちょっとおなかがすいた)

(2) I was <u>sort of</u> thrilled by it.
(私はそのことで幾分興奮気味でした)

これらの表現は，上の例のように形容詞（または形容詞に相当する過去分詞形動詞）を修飾するばかりでなく，下の例のように普通の動詞を修飾することもある。

(3) He <u>kind of</u> hesitated. (彼はちょっとばかりためらった)

(4) I <u>sort of</u> thought you might say that.

（私はあなたがそんなふうに言うのではないかとうすうす感じ
ていました）

　会話の中で，相手の発言や質問に対して，「まあ，そんなとこ
ろだね。」とか「ちょっとばかりね。」という意味の返答として
kind of / sort of が独立した表現として用いられることがある。

(5)　A:　Are you tired? (疲れましたか)
　　　B:　Well, <u>kind of</u> / <u>sort of</u>. (ええ，まあね)

　kind of の綴りが kind o', kind a, kinda, kinder のように表
記されることがあるが，これは kind of が [káində] のように発
音される場合を綴り字で表したものである。同じように，sort of
も sort o', sorta, sorter などと綴られて，[sɔ́ːrtə] のように発音
される。同じように，仮定法過去完了の文の主節（帰結節）に現
れる would have の場合にも，特に口語的用法の場合には，次の
例文に見るように，have の部分が短縮形 've を経てさらに of / a
のように書き表されることがある（千葉 (2021: Ch. 14)，「could /
would / should of = could / would / should have」参照）。

(6)　If you had been there, you would {have / 've / of / a}
　　　thought so, too.
　　　（もし君がそこにいたならば，おそらく，君もまたそのように
　　　思ったことだろう）

(kind of / sort of の用法について，さらに詳しくは八木 (1987:
228ff.) 参照。)

Exercises

(a) "Mrs. Robinson," Benjamin said, shaking his head. "I'm kind of distraught at the moment."

[注：distraught「取り乱した，困惑した」]

(b) "I was in kind of a strange mood and I drove up here."

[注：drive up「車でやってくる」]

(c) "I'm very sorry. I just kind of lost interest in reading those kinds of magazines."

(d) What I mean is—he thinks I'm sort of—prim and proper, you know! [注：prim and proper「(女性が) 上品ぶった」]

(e) I am going to take just one little tiny nip more, sort of to put the stopper on, so to speak …

[注：nip「(強いアルコール飲料の) 少量」; so to speak「いわば，言ってみれば」]

(f) Scientists have used a new microscope technique to produce images of atoms and the bonds that hold them together. The images show where electrons "are sort of looking around to find someone else" to form a bond.

[注：microscope「顕微鏡」; image「映像」; bond「ボンド (原子の手)」; electron「電子，エレクトロン」; look around「捜す」]

第**2**章

名詞化

2.1. 節に相当する名詞句

A. Her <u>recognition</u> as an outstanding leader satisfied Beth.[1]

B. They were shocked by his father's <u>execution</u>.

C. There was to be no foreign trade with the colonies, and no foreign <u>carrying</u> of goods into English ports.

A. すぐれた指導者であることが認められたので，ベスは満足した。

B. 彼の父が処刑されたのを知って，彼らは衝撃を受けた。

C. 今後いかなる外国も英国の植民地と貿易してはならず，また，いかなる外国も英国の港に物資を運び込んではならない，ということとなった。

---

[1] 代名詞 Her は Beth を指しているが，このように，代名詞の方がそれが指している名詞より前の位置に現れることがある。このような代名詞の用法を「逆行代名詞」と呼ぶ。詳しくは，千葉（2021: Ch. 4），「代名詞と先行詞の語順」参照。例文 (1), (9) にも「逆行代名詞」の例が見られる。

                                                                 33

　名詞句の典型的な構造は「(冠詞) + (形容詞) + 名詞 + (修飾語)」(e.g. the big book on the table) の形をとる。その中心となる名詞の種類によっては(特に,動詞との関連性が考えられる名詞の場合),「主語 + 述語」からなる「何がなんである」の意味内容を表す節(または文)との関連性を考えて日本語訳を工夫する必要がある。たとえば,その名詞が動名詞の場合は,全体を「主語 + 述語」からなる節として解釈し直すとよい (⇨ §2.2「動名詞」)。

(1)　The loud snoring of her husband kept Mary awake.
　　　(メアリーは夫が大きな声でいびきをかくのでずっと眠れなかった。)
　　　cf. Her husband snored loudly.

(2)　His teaching of mathematics to John angered us.
　　　(彼がジョンに数学を教えるその教え方に対して,私たちは腹をたてた。)
　　　cf. He teaches mathematics to John.
　　　　　[(2) では,動名詞 teaching の意味が「教えること」ではなく「教え方」となることに特に注意。詳しくは,§2.2「動名詞」参照]

(3)　Mary's coauthoring of the book with Tom resulted in a best seller. (メアリーがトムと共著で書いたその本がベストセラーになった。)
　　　cf. Mary coauthored the book with Tom.

(4)　His strict upbringing taught him to be prudent.
　　　(彼は厳格に育てられたので,賢明であることの大切さを悟った。)

　　　cf. He was brought up strictly.［(4) では，動名詞の部分
　　　　　が受け身の意味になることに特に注意］

　中心となる名詞が proof や refusal のように，それに関連する
動詞形（prove, refuse）が存在する名詞（すなわち「派生名詞化
形（derived nominal）」）の場合にも，上に述べた動名詞の場合と
同じように考えるとよい（⇨ §1.1「所有を表す名詞表現」）。

　(5)　John's proof of the theorem took him a long time.
　　　（ジョンはその定理を証明するのに長い間かかった）
　　　cf. John proved the theorem.

　(6)　The man's refusal to chair the session interested us.
　　　（その男がその会議の議長を務めるのを拒否したことが我々の
　　　興味を引いた）
　　　cf. The man refused to chair the session.

　(7)　Their disgust with the situation angered him.
　　　（彼らがその状況に嫌気がさしているので，彼は腹を立てた）
　　　cf. They are disgusted with the situation.

　(8)　He's not a biter, or a fighter with other dogs, unless
　　　it's to protect himself or his family.
　　　（その犬は自分自身や家族の身を守るとき以外は，かんだり，
　　　ほかの犬とけんかをしたりすることはない）
　　　cf. He bites other dogs／He fights with other dogs.
　　　　　［この場合，biter, fighter をそのまま「噛む犬」や「闘う
　　　　　犬」のような名詞表現に訳すと，全体として不自然な日本
　　　　　語訳になる恐れがあるので特に注意］

　(9)　As exposure to the sun's rays would surely cause him

to perish, Dracula stays protected in the satin-lined chamber bearing his family name in silver.

（太陽光線にさらされると確実に身の破滅となるので，ドラキュラは彼の家系の名前が銀色で書かれ，繻子(しゅす)の裏地の付いた棺の中にじっと潜んで身を守っています）

cf. Dracula is exposed to the sun's rays.

次の例においては，特に名詞の前の2つの修飾語句の意味的関係に注意する必要がある。

(10) The children's observed <u>failure</u> to correctly interpret a number of such constructions is indicative of several areas in which their syntactic knowledge falls short of the adult's.

（子供たちはいくつかのそのような構文を正しく解釈することができない，ということが観察されているが，このことは，子供たちの統語的知識がまだ大人のものに達していないような領域がいくつかあるということを示している）[failure < v. fail（ただし，この場合の fail は「失敗する」ではなく，「〜できない，〜しない」の意味である）]

(11) Mayor John Lindsay said so, commenting on his wife's reported <u>displeasure</u> when he nominated Spiro Agnew for the Republican Vice Presidential candidacy.

（ジョン・リンゼイ市長は，彼がスピロ・アグニューを共和党副大統領候補に指名したときに，妻が不満の意を表したという報道に対するコメントとして，そのように言った）

　すなわち，<u>children's observed failure</u>, <u>his wife's reported displeasure</u> は，それぞれ，(12)，(13) のような節の形に分解して解釈するとよい。

(12)　The children's <u>failure to</u> ... has been observed.
　　　（子供たちが ... することができない，ということが観察されている）[< The children fail to ...]

(13)　His wife's <u>displeasure</u> ... has been reported.
　　　（彼の妻が不満の意を表したことが報じられた）[< His wife is displeased with / at / by ...]

　次の2つの文においては，述語の違いに応じて主語の名詞句 <u>John's intelligence</u> の意味が異なる。

(14)　John's <u>intelligence</u> is undeniable.
　　　（ジョンが聡明であるということは，紛れもないことである）
　　　cf. The fact that John is intelligent is undeniable.

(15)　John's <u>intelligence</u> exceeds his foresight.
　　　（ジョンの聡明さ（の程度）は，彼の洞察力（の程度）より勝っている）
　　　cf. The extent to which John is intelligent exceeds his foresight.

　このように，動名詞や派生名詞化形は，関連する動詞を基にしたいくつかの異なる意味を持っているので，独立した1つの単語として考えた場合，それ自体の意味は曖昧になることが多い。具体的文の中で，前後の語句とのつながりを考えて適当な意味を選び，自然な日本語となるように工夫することが大切となる。

38

Exercises

(a) The man's jumping into the pool saved her.

(b) The climbing of Mt. Vesuvius by a lone hiker is an impossible feat.

　　［注：Mt. Vesuvius [vəsúːviəs]「ベスビオ山」イタリアのナポリ湾岸にある火山，ベスビアス火山とも言う；feat「偉業」］

(c) The loud crying by the boy annoyed me.

(d) Your making of a reference to the book displeased the author.

　　［注：make (a) reference to ...「～に言及する，～に触れる，～を参照する」］

(e) John's frequent hitting of his sister enraged her.

(f) Your being a Catholic doesn't make Sarah one.

　　［注：one（前に出てくる可算名詞としての単数名詞を受ける代名詞的用法の one；ここでは one＝a Catholic）］

(g) She came back with many discoveries.

(h) People associate with one another primarily in order to satisfy the basic psychological needs of belonging and recognition.

　　［注：associate「交際する」；psychological needs「心理的欲求」；belonging「どこかに所属すること」；recognition「（無視されないで）人から認められること」］

2.2. 動名詞

A. I don't approve of his <u>driving</u>. (ambiguous)

B. I don't approve of his reckless <u>driving</u> of a car.

C. I don't approve of his <u>driving</u> a car recklessly.

A. a. 彼の運転の仕方にはどうも感心できない。

　　b. 彼が運転することには賛成できない。

B. 彼の無謀な運転の仕方にはどうも感心できない。

C. 彼が無謀な運転をすることには賛成できない。

　動名詞が目的語を取る場合には，その目的語の前に前置詞 of を必要とするときと，必要としないときとがあり，それぞれ，動名詞の用法が異なる。たとえば，(1) に対して (2a) と (2b) の2つの動名詞表現が可能である。

　(1)　He drew the picture.

　(2) a.　his <u>drawing</u> of the picture

　　　b.　his <u>drawing</u> the picture

(2a) のような用法は，一般的に，「〜するやり方」あるいは「〜するという行為」という意味を表す。一方，(2b) のような用法は，一般的に，「〜するということ（あるいは事実）」という意味を表す。

　この2つの動名詞表現は，さらに，次のような点に関しても異なる用い方をする。

40

(3)　He drew the picture rapidly.

(4) a.　his rapid <u>drawing</u> of the picture

　　 b.　his <u>drawing</u> the picture rapidly

(5) a. *his rapid <u>drawing</u> the picture

　　 b. *his <u>drawing</u> of the picture rapidly

まず第 1 に，(3) のように副詞を伴う文に対応する動名詞表現は，「～するやり方」の意味のときは (4a) のように，元の副詞が形容詞に変わる。一方，「～するという事実」の意味のときは (4b) のように，元の副詞のままである。これを逆にすると，(5a, b) のように誤りの文になる。

　次に，完了形の動名詞が可能となるのは，後者の場合だけである。

(6) a. *his <u>having drawn</u> of the picture

　　 b.　his <u>having drawn</u> the picture

　さらに，動名詞の前に冠詞を用いることができるのは，前者の場合だけである。このような場合，冠詞無しの表現が可能になるのは，逆に後者の場合だけである。

(7) a.　the (rapid) <u>drawing</u> of the picture

　　 b. *the <u>drawing</u> the picture (rapidly)

(8) a. *rapid <u>drawing</u> of the picture

　　 b.　<u>drawing</u> the picture rapidly

　以上のような特徴は，それぞれの動名詞の用法が名詞的か動詞的かの違いを表していると言える。すなわち，副詞を伴うことが

できる，および，完了形にすることができるのは，動詞の特徴を表し，一方，冠詞を伴うことができるのは，名詞の特徴を表すと言える。ただし，(4a, b) に見るように，his はどちらの用法としても用いることができる。また，意味的に目的語としての名詞句を後ろに置くときに，前置詞の of が必要となるかどうかの違いも，名詞的か動詞的かの違いと密接な関係があると言える（⇨ §1.1「所有を表す名詞表現」）。

最後に，admire, consider, have, resemble などのように状態を表す動詞には，一般的に名詞的用法の動名詞表現が許されない。

(9) a. *his admiring of her; *his considering of her silly; *his having of a hat; *his resembling of his mother

b. his admiring her; his considering her silly; his having a hat; his resembling his mother

Exercises

(a) His drawing fascinated me because he always did it left-handed.

(b) His drawing fascinated me because I didn't know he could be persuaded so easily.

(c) Her clever slicing up of the cake won her a prize.
［注：slice up「薄く切る」］

(d) Fred's having written all he knew after his internment opened my eyes. ［注：internment「抑留生活」；open one's eyes「（驚きなどで）目を見張らせる」］

(e) I wish that some of our teachers would realize the purpose of our attending the lectures.

(f) The dropping of atomic bombs on Hiroshima and Nagasaki was, of course, the first use of such weapons in human history.

(g) The killing of an Irish peacekeeper in south Lebanon by Israeli troops raised new calls Monday for withdrawal of the U. N. force and highlighted the long-troubled relationship between Israel and the United Nations.

［注：peacekeeper「平和維持軍の兵士」；raise new calls「新たな要求が持ち上がる」；withdrawal「（軍隊などの）撤退」；long-troubled「長い間もめている」］

2.3. 動名詞の主語

A. They object to {his / him} smoking.

B. I remember her {mother's / mother} saying it.

C. He would always ignore the fact of there being a back-door to any house.

A. 彼らは彼がたばこを吸うことには反対です。

B. 私は彼女の母がそう言ったのを覚えています。

C. どの家にも裏口がある，すなわち，何事にも裏の手口がある，という事実を彼は常に無視するのだった。

　動名詞は常に何らかの主語を補って解釈できるが，前後関係から明らかな場合には主語は省略される。

(1)　He was delighted about passing.

（彼は合格したので喜んだ）

cf. He was delighted that he passed.

(2)　I admit to being lazy.

（私は自分が怠け者であることを認めます）

cf. I admit that I am lazy.

　動名詞の主語を表すときには，所有格にする場合と目的格にする場合とがある。動名詞が動詞あるいは前置詞の目的語となるとき，動名詞の主語が代名詞かあるいは短い名詞句の場合は，通常，所有格および目的格の両方が可能である。ただし，目的格代名詞は口語的で砕けた感じを与える傾向がある（動名詞の部分を[　]で示す）。

(3)　I dislike [{his / him} doing that].

（私は彼がそれをするのが嫌いです）

(4)　I don't recall [{his / him} saying any such thing].

（私は彼がそのようなことを言ったのを思い出せません）

(5)　I don't approve of [{my son's / my son} going there].

（私は息子がそこへ行くのを許しません）

(6)　I worried about [{the world's / the world} coming to an end].

（私は世界が終わりになることを心配していました）

　動名詞の主語がかなり長い場合には目的格を用いる。

(7) Have you heard of [[Smith the carpenter] being in-jured]?

（あなたは大工のスミスさんがけがをしたことをお聞きになりましたか）

(8) I hate the thought of [[any daughter of mine] marrying unhappily].

（私の娘のうち一人でも不幸な結婚をする者がいるなどとは考えたくない）

(9) Do you remember [[the students and teachers] protest-ing against the new rule]?

（あなたは学生と教師がその新しい規則に対して異議申し立てをしたことを覚えていますか）

動名詞が主語として用いられるときは，次の例に見るように，動名詞の主語を通常，所有格で表す。

(10) [My doing it in this way] has often been laughed at, but it has proved best after all.

（私はこのようなやり方でそれをやって，人からしばしば笑われたけれど，結局はそれが一番いい方法だとわかった）

(11) [Howard's coming to live with us] disturbed the rou-tine of our households.

（ハワードが我々と一緒に住むようになって，我が家の日常の仕事がかき乱されることとなった）

There 構文の there が動名詞の（文法上の）主語となるときは，これを所有格にすることはできない。

(12) There is no question of [{there / *there's} being any deadlock in the commission].

(その委員会が行き詰まっていることには疑いの余地がない)

(13) The Conservative victory was attributable to [{there / *there's} being no Liberal candidate].

(保守党勝利の原因は自由党候補がいなかったからである)

　形式主語 it の場合は，ふつう目的格の方が用いられるが，所有格が用いられる場合もある（代名詞 it の所有格は，it's ではなく its であることに注意。it's = it is）。

(14) It being possible that the Rams will sweep is staggering.

(ラムズが全勝する可能性があるなんて，驚異的なことだ)

［注：the Rams ロスアンゼルスに本拠地を置くフットボールチーム；sweep「（シリーズなどに）全勝する」］

(15) It being muggy yesterday kept the Colts out of the cellar.

(昨日は蒸し暑かったので，コールツは最下位にならずにすんだ）［注：the Colts インディアナポリスに本拠地を置くフットボールチーム；the cellar「（競技で）最下位」］

(16) They could do the same thing without its being apparent that they are ganging up like the trade associations.

(彼らは同業組合のような徒党を組んでいることが外から見てわからないようにしながら，それと同じことをやろうと思えばできるのです）［注：gang up「集団で行動する」］

(17) He would not mind its being said that "The Science

of Prayer" was his finest work.

（「祈りの科学」が彼の書いた本（論文）／彼の作品（業績・仕事）の中で一番すぐれた作品だと人から言われても彼は気にしないであろう）

What などの疑問詞が意味的に動名詞の目的語となっているような場合は，動名詞の主語として，通常，目的格の方を用いる。

(18) What did you talk about {Bill / *Bill's} doing?
（あなたはビルが何をしたことについて話したのですか）

(19) What did you insist on {Nancy / *Nancy's} doing?
（あなたはナンシーが何をすべきだと主張したのですか）

(20) What did you stop {Betty / *Betty's} reading?
（あなたはベティーが何を読むのを止めさせたのですか）

(21) Who would you approve of {John / *John's} seeing?
（あなたはジョンが誰と会うことをお許しになりますか）

Exercises

(a) There are many examples of a revolution having occurred in this land.

(b) There are cases on record of people being sacked because of their accent.

[注：sack「解雇する」; accent「なまり」]

(c) The linguist does not make any explicit mention of word order playing a role.

[注 make mention of …「～のことに触れる」; play a role「何らか

の働きをする」]

(d)　Both methods depend on there being plenty of metal.

(e)　China insists that normal relations hinge on the Soviet Union removing "three obstacles"—Soviet military presence in Afghanistan, Soviet military aid for Vietnam's war in Kampuchea and Soviet troop strength along the Sino-Soviet border.

[注 : hinge on「〜次第である」; the Soviet Union「(旧) ソビエト連邦, ソ連 (1991 年解体)」; Kampuchea [kæmputʃíːə]「Cambodia の旧称」; Sino-Soviet「中国とソ連の」]

第3章

関係詞節

3.1. 関係代名詞の役割

A. This is the girl who they think loves me.

B. Do you know the amount of the bribe which all of us suspected that he took?

C. The only thing which I recognize the necessity to change is the punctuation.

A. これは私を愛していると彼らが信じている少女です。

B. 彼がもらったのではないかと私たちみんなが思った賄賂の金額をあなたは知っていますか。

C. 確かに変える必要があると私が認めるただ1つのものは，句読点の使い方です。

　関係代名詞を正しく解釈するためには，それが関係詞節の中でどのような文法的役割を果たしているかを正確に捉えなければならない。特に誤りやすいのは，関係詞節そのものの中に別の節が含まれている場合である。たとえば，次のような文において，関係代名詞 who は動詞 suspect の目的語ではなく，attacked the old man の主語となっている。すなわち，その主語としての who を補ってできる節 who（＝the 16-year-old boy）attacked the old man 全体が従属節として suspect の目的語となっている。

(1) They are looking for a 16-year-old boy who they suspect attacked the old man.
（彼らはその老人を襲ったのではないかと疑われている 16 歳の少年の行方を追っている）

　関係代名詞が関係詞節の中でもともと占めていた場所を t（trace「痕跡」）の記号を用いて示すと，(1) の文は (2) のように表すことができる（以下同じように，t の記号を取り入れて文を表すことにしよう）。

(2) They are looking for a 16-year-old boy who they suspect t attacked the old man.

同じように，次の例文において，

(3) They are looking for a 16-year-old boy who they suspect the old man attacked t.
（彼らはその老人が襲ったのではないかと疑っている 16 歳の少年の行方を追っている）

関係代名詞は動詞 attack の目的語であり，the old man attacked who（＝the 16-year-old boy）全体が従属節として they suspect の目的語となっている。

　不定詞や動名詞が関係詞節の中に現れる場合も同じように考えればよい。

(4) The proposals raised important issues which they would require to study *t*.

(それらの提案により，彼らがこれから検討しなければならないような重要な問題がいくつか持ち上がった)

[注：この文に用いられている動詞 require の用法に注意。They require to study important issues の文の中の動詞 require の用法については，方言差が見られる。特にイギリス英語では，このような文の場合，They are required to study … のような言い方をすることが多い。§5.2, Exercises の例文 (c) 参照]

(5) His poultry is often killed by the foxes which he refrains from trapping or shooting *t*.

(彼が罠にかけたり，鉄砲で撃ったりなどしないようにしているその狐によって，彼の飼っている鶏などが殺されることがしばしばある)

関係代名詞が省略されていることもある（⇨§3.10「関係代名詞の省略」）。

(6) Not one cook had offered a recipe (which) the king thought *t* was unusual.

(王様がこれは珍しいと思うような調理法を提示できるようなコックは誰一人としていなかった)

(7) He approached a man (who) he believed *t* to be an escaped prisoner.

(彼は脱獄囚に違いないと思った男のそばへ近づいて行った)

　関係詞節の中にさらに別の関係詞節が現れることもある。次の例文では，外側の関係詞節の内側に別の関係詞節が「はめ込まれて（embedded）」いるような格好（[… […]]）になっていることがよくわかるように，関係詞節を [ ] で括って示してある。

(8)　Violence is something [that there are many Americans [who condone *t*]].

　　　（暴力というものに対しては，大目に見るようなアメリカ人が大勢います）

(9)　Thackeray had the kindness [which I, for one, have never met a journalist [who lacked *t*]].

　　　　　　　　　　　　　　　　　　　　　(Jespersen (1933: 368))

　　　（ジャーナリストでそのような親切さの欠けた人に私が今まで一度もお目にかかったことのない，そのような親切さをサッカレーは備えていました）［I, for one, …「私個人としては〜」］

　このように，外側の関係詞節の先行詞を，（深く）はめ込まれた従属節（この場合は，内側の関係詞節）の中の痕跡 *t* と正しく結びつけて解釈できるかどうかが，英文解釈がうまくできるかどうかの要となることが理解できるであろう。

　1つの関係代名詞が同時に2つ以上の節や不定詞の主語，目的語などとして機能することがある。

(10)　Richard is a statesman who we believe *t* is impartial and *t* has a wide perspective.

　　　（リチャードは，公明正大で広い視野に立って物を見ることができると私たちが信じている政治家です）

(11)　These are the most common mistakes that mankind is apt to make *t* and to repeat *t*.

（これらの過ちは，我々人類が犯しやすくまた繰り返しがちな，最もありふれた過ちです）

　最後に，次のような「再述代名詞（resumptive pronouns）」と呼ばれる用法について触れておこう。関係詞節の中で関係代名詞がもともと占めていた位置は，これまでの例に見るように，空席（t）になるのが普通であるが，特に構造が複雑で，その関係代名詞の文中での働き（すなわち，その関係代名詞がもともと占めていたと思われる痕跡 t の位置）がわかりにくいような場合，その元の位置を空席にしないで，そこに代名詞を置いたような文が用いられることがある。このような代名詞のことを「再述代名詞」と言う。例文（12）のような場合は，再述代名詞が許されるかどうかの判断が方言（あるいは個人個人）によって異なることもあるが，例文（13a–c）のような場合には，再述代名詞を用いないと，一般的に非文法的な文になることが知られている。

(12)　The man who John sold the funny money to (him) is following us.

（ジョンが偽金を売付けた男が我々の跡をつけている）

(13) a.　The man who John denies the allegation that he sold funny money to him is following us.

（（その）男に偽金を売付けたとする申し立てをジョンが否定している（その）男が，我々の跡をつけている）[he＝John]

　　 b.　Tom is the man who I don't believe that he will

win the game.

（トムは，その試合に勝てるなどと私には信じられない男です）

c. There are so many factors that if you're deficient in any one of them, you may lose your life's work.

（もしあなたがその（要因の）うちの1つでも欠けているとすると，あなたのライフワークがダメになるかもしれないようなたくさんの要因が関わっているのです）〔注：life's work＝lifework〕

Exercises

(a) How did this remarkable book come to be written? Its author was the last person one would expect to write such an entertaining fantasy.

〔注：the last person「最も～しそうにない人」; entertaining「面白い，愉快な」〕

(b) "We will support those activities which we believe will promote better relations between these countries," Kissinger said. 〔注：promote「促進する」〕

(c) They came by these musical nicknames because one day something happened that no one ever expected would happen. 〔注：come by「手に入れる」〕

(d) If so, having versus not having such a property cannot be one of the things that the child learns is correlated with other properties.

［注：A versus B「A 対 B，A または B」；property「特性，性質」；the child はここでは「その子供」ではなく，子供一般を指す「子供／幼児」の意味；be correlated with ...「～と相関関係にある」；関係代名詞 that のもともとの位置は，is correlated with ... の主語に位置であることに注意］

(e) Before, you were a powerful voice who the Third World thought was speaking for the American people.

［注：voice「（主義などの）代弁者」］

(f) I have investigated a number of grammatical structures which are present in adult grammar and are part of ordinary language usage, but which are found to be absent in the grammar of 5-year olds.

［注：investigate「研究する」；grammatical structure「文法（的）構造」；5-year olds「5 歳児」］

(g) After all, if you wish to practice English, surely you want to learn to speak it correctly and properly and not use that colloquial jargon that American people have the audacity to refer to as English.

［注：want の意味は，ここでは「～したい」ではなく，「～しなければならない」であることに注意。同じように，you don't want to ... は「～してはいけない」の意味となる。colloquial jargon「口語的言葉遣い」；have the audacity to ...「ずうずうしくも～する」］

3.2. 補語の関係代名詞化

A. John is not the scholar that Mary is.

B. They think that fashion is just nonsense, which it is not.

A. ジョンはメアリーのような学者ではありません。

B. 彼らは流行というものは全くくだらないものだと考えていますが，そういうものではありません。

例文 (1), (2) の下線部は補語（叙述名詞）の働きをしている。

(1) James is a scholar.（ジェームズは学者です）

(2) Their king had become a tyrant.
   （彼らの王は暴君になった）

このような補語の名詞句を先行詞として関係詞節を作る場合（すなわち「補語の関係代名詞化」の場合）は，<u>関係代名詞として who / whom を用いることができない</u>。

(3) John is not the rogue {*who(m) / that} his brother is.
   （that を用いた文は Hurford (1973: 282) より）
   （ジョンは彼の兄のようなならず者ではない）

(4) Everyone hated the tyrant {*who(m) / that} their king had become.
   （暴君になってしまった自分たちの王をみんなが嫌った）

同じように，次のような文においても，関係代名詞として who(m) を用いることができない（⇨ §3.10「関係代名詞の省略」）。

(5)　Tom is not the man (that) his father was.

　　　（トムは彼の父がそうであったような人物ではない）

(6)　Russell was not the genius (that) Einstein was.

　　　　　　　　　　　　　　　　　　　　　（Hurford（1973: 282））

　　　（ラッセルはアインシュタインのような天才ではなかった）

このような制約が見られる理由としては，次のようなことが考えられる。すなわち，問題となっている補語名詞句は，具体的人物や物そのものを指しているのではなく，そのような名詞句が表す性質・特性などを問題としているからである。言葉を変えて言うと，この場合の文構造 A is（not）B に用いられている be 動詞の働きは，同一性（identity）ではなく属性・特性（attribution）を表す用法となっている（cf. Robbins（1968: 110））からであるということになる（さらに詳しくは，Chiba（1973）参照）。ただし，同一性を表す用法の be 動詞を用いた文の場合には，関係代名詞 who/whom を用いることになるということを示す例として，Robbins（1968: 110）は次のような例文を挙げている。

(7)　Cicero was the man {who Tully was/whom Tully was identified with}.

　　　（キケロとタリーは同一人物であった）[Tully は Cicero の中間名。Cicero の正式ラテン語名は Marcus Tullius Cicero]

なお，上記例文（1），（2）の補語に不定冠詞が用いられているのに対し，（3）-（6）のような例文の場合には定冠詞を用いなけれ

ばならないことにも注意しよう。ただし，次に述べるような非制限的用法の which の場合には，この限りではない。

　上に述べたように，「関係代名詞として who / whom を用いることができない」という制約は非制限的用法の関係詞節の場合にも当てはまる。非制限的用法の場合は，ふつう that を用いないので，この場合 which だけが可能となる（ただし，特に先行詞が人以外のものを表す場合には，非制限的用法の that が用いられることがあるということについては，千葉（2021: Ch. 12），「非制限的用法の関係詞節とコンマ」参照）。

(8)　He is a teetotaller, which I am not.

　　　（彼は絶対禁酒主義者だが，私はそうではない）

　　　［注：teetotaller [tìːtóʊtlər]「絶対禁酒主義者」］

(9)　Even a poet, if he happens to be something else, which he must be in these days to live, may carry a dispatch-case.　　　　　　　　　　(Scheurweghs (1959: 278))

　　　（詩人ですら，もし詩人以外の職業にたまたま就いていた場合
　　　——というのも，今日では，生きていくためには，そうしなければならないのであるが——書類鞄を持ち歩くことがあるかも知れない）

　なお，補語の関係代名詞化の場合，which より that の使用頻度の方がかなり高くなるという調査結果があるが，このことについて詳しくは，鷹家・林（2004: 30f.）参照。また，which / that の選択に関し個人差が見られるということについては，有村（2001: 331ff.）参照。個人差が見られることの具体例として，たとえば次のような場合を挙げることができるであろう。すなわ

ち，まず Quirk et al. (1972: 870) によると，次の (10a) と同じように，(10b) も非文法的な文となる。

(10) a. *John is not the man who he was.

b. *My typewriter is not the machine which it was.

一方，Robbins (1968: 115) は，上記例文 (4) の関係代名詞 that を which に置き換えた文 (11) を文法的文として挙げている。

(11) Everyone hated the tyrant which their king had become.

少し話題は変わるが，形容詞 like には「～のように」と「～らしく」の2つの異なる意味があるので，次のような文は曖昧な文になる。

(12) He fought bravely like a hero.

(a. 彼は英雄のように勇敢に戦った。

b. 彼は英雄らしく勇敢に戦った)

ところが，関係詞節 that he was を伴った次のような文においては，like の意味は「～らしく」の方だけが選ばれ，「～のように」とはならない。また，「彼がそうであった英雄らしく～」のような不自然な日本語にならないように気をつけなければならない。

(13) He fought bravely like the hero that he was.

(彼はまさしく英雄らしく勇敢に戦った)

次の文も同じように解釈する。

(14) It makes you feel like the champion that you are.

（そうすれば，君はまさにチャンピオンらしく王者の気分になれるであろう）

(15) Hilda, like the angel of mercy that she was, whispered.

（ヒルダはまさに慈悲の天使らしくささやいた）

上記例文 (13)–(15) の関係詞節は，一見したところ，意味的に何も新しい情報を付け加えていないかのように思えるかもしれないが，実際は，「あのように，あんなふうに，事実見るとおり」のような意味が加えられていることになるので，「まさしく，まさに，確かに」のような副詞を用いた日本語訳を工夫するのがいいであろう。ベレント（1979: 30–31）もまた，上の（13）と同じような例文を挙げて，関係詞節が用いられていることにより「確かに〜」の意味が加わることになるということを解説している。さらに，このような捉え方は，次の例文に見るように，関係詞節が it does, it has のようになっているような場合にも当てはまる事柄である。

(16) a. The adults' language has the features it does precisely because those are features young children find most natural and easy to learn.

（大人の言語があのような特徴を備えているのは，ひとえに，そのような特徴こそ，幼い子供にとって，もっとも自然で習得しやすいと思えるからである）

b. Astronomers have found stars dating from a long-ago collision between the Milky Way and another galaxy. The crash helps to explain why the Milky Way looks the way it does.

（天文学者たちは，大昔に起こった銀河と別の星雲との衝突により誕生したような星があるのを発見した。そのような衝突を考えれば，なぜ銀河が実際あのような姿をしているのかを説明する手掛かりが得られることになる）

c. The five scholars commenced an analysis on why the US has developed in the direction it has.

（その5人の学者は，アメリカがどうしてあのような方向でこれまで発展してきたのかということについての分析をし始めた）

Exercises

(a) Hollywood is not the swinging place it was in the days of yore.

［注：swinging「陽気で活動的な，いきな」；of yore [jɔ́:r]「昔の」］

(b) John Bull was no longer the typically English figure that he seems once to have been.　　　(Scheurweghs (1959: 280))

［注：John Bull「典型的英国人」］

(c) Though it showed some of her outstanding achievements, it gave no picture of the woman that she was.

(d) Saladin turned the church into a mosque, which it still is today.　　　(Scheurweghs (1959: 278))

62

[注：Saladin「サラディン (1137-1193)；エジプト／シリアのスルタン]

(e) It seemed as though their rule was that everything should pretend to be something that it was not.

(f) He advised the House to behave like the second Chamber of a modern state which they were supposed to be.

(Scheurweghs (1959: 278))

[注：the House「(ここでは，英国議会の) 上院」；Chamber「議院」]

(g) Russia may not be the "evil enemy" that extremists like John say it is. [注：extremist「過激論者」]

(h) They think that Tom is someone that, it seems to me, he isn't.

3.3. 二重制限の関係詞節構文

A. Then I remembered something I heard long ago that I hoped is true.

B. Thirty years later Gertrude Stein said that Picasso's painting of her was the only picture she knew that showed her as she really was.

A. そこで私は，ずっと以前に聞いた話で，しかもそれが本当であってほしいと私が願っていたある話を思い出した。

B. それから30年経って，ガートルード・スタインは次の
　　　ように言った。すなわち，彼女の知っている絵の中で，
　　　彼女の真の姿を写しているのは，彼女を描いたピカソ
　　　の絵だけであると。

　関係代名詞の用法の中には，関係詞節により修飾された先行詞
をさらにその外側から2番目の関係詞節によって修飾する二重
制限の用法がある。たとえば，次の例文を見てみよう。

(1)　There are plant species [that occur on the peninsula]
　　　[that occur nowhere else], and mountain goats love
　　　them.
　　　（この半島に生育する植物の種で，しかも外の地域には生育し
　　　ない種がいくつかありますが，これらを［ロッキー山脈に棲む］
　　　シロイワヤギが好むのです）

(2)　"You're the only woman [I know] [who I can see
　　　married to an Italian barber]," I said.
　　　（「あなたは私の知っている女の人の中で，イタリア人の理髪
　　　師と結婚していることが私にはっきりとわかる唯一の人です」
　　　と私は言った）
　　　［注：先行詞が the only により修飾さている場合，関係代名詞
　　　は that に限られるわけではなく，who を用いることも多いと
　　　いうことについては鷹家・林（2004: 28-29）参照］

　上の文は，[　]で示した2つの関係詞節のうち，まず1番目
の関係詞節が先行詞を修飾し，ついで，2番目の関係詞節が「先
行詞＋1番目の関係詞節」全体を修飾するという構造を持ってい

64

る。次のような文も，同じように二重制限用法の関係詞節からなる文の例である。

(3) The men [she has met] [that she likes] are all artists.
　　（彼女の会った男の中で彼女が好きな男はみんな芸術家である）

(4) The only solution [I've found] [that satisfies me] is this.
　　（私が見つけた解決法の中で私自身満足している唯一のものはこれです）(cf. 例文 B)

ところで，例文 (2)，(4)（および例文 B）の先行詞らしき部分は，only を含む形をしているが，ただし，1 番目の関係詞節が修飾する本当の先行詞としては，only を外した部分だけを考えなければならないということに注意したい。たとえば，例文 (2) において，1 番目の関係詞節の先行詞は，the only solution 全体ではなく，only を除いた残りの the solution の部分だけであるということになる。すなわち，この文は "Of the solutions I've found, the only one that satisfies me is this" のように解釈しなければならない（⇨§3.12「関係代名詞の先行詞」）。

ちなみに，上で述べた関係代名詞の二重制限の用法は，制限的用法の関係詞節についてだけ見られ，非制限的用法の場合には許されない，ということを指摘することができる。

(5) *Bill, who was laughing, who you pointed out to me, was arrested.

Exercises

(a) The colt that our stallion sired that grew up in Indiana won the Derby.

　　[注：stallion「種馬」；sire「（種馬が子を）つくる」；Derby の発音は（米）[dɔ́rbi]；（英）[dɑ́ːbi] となる]

(b) The boy who is standing in the corner who is wearing glasses is my brother.

(c) There were words she had written that I knew by heart.

(d) Mann said, "I don't want to feel there's anything I'm interested in that I can't do."

(e) There is another principle that children use that has an interesting connection to Universal Grammar.

　　[注：Universal Grammar「普遍文法；人間に生得的に備わっていると考えられる文法」]

3.4. 関係詞節と同格節

A. I have a suspicion that he is dishonest.

B. We couldn't believe the news, which John told us, that Tom was killed in the battle.

A. 私は彼が不正直な人ではないかと思っています。

B. トムがその戦闘で死んだという，ジョンが教えてくれたその知らせを私たちはどうしても信じることができ

ません（でした）。

　関係詞節と同格節は共に名詞句を修飾するという点では同じように見えるが，いくつかの点で異なっている。

(1)　The fact that he suggested bothers me.　［関係詞節］
　　（彼が示唆したその事実に私は戸惑っています）

(2)　The fact that he is wrong bothers me.　［同格節］
　　（彼が間違っているという事実に私は戸惑っています）

　まず第1に，(1) の that は別の関係代名詞 which によって置き換えることができるが，(2) の場合は接続詞なので，それができない。

(3)　The fact which he suggested bothers me.

(4)　*The fact which he is wrong bothers me.

　第2に，(1) の that は省略することができるが，(2) のそれは同格節を導く接続詞としての that なので，一般的に省略することができない（「that 消去」について詳しくは千葉 (1995) 参照）。

(5)　The fact he suggested bothers me.

(6)　*The fact he is wrong bothers me.

　第3に，(2) の従属節は that を除いた部分がそのままの形で独立した文になれるが，(1) の場合には，それができない。すなわち，後者の場合は，関係代名詞に相当する名詞表現が欠けた不完全な文だということになる。

(7)　*He suggested.　(cf. He suggested a fact.)

(8)　He is wrong.

　第4に，関係詞節の場合には二重制限の用法（⇨§3.3「二重制限の関係詞節構文」）があるが，同格節についてはそれに相当するものがない。

(9)　There was nothing which you could do which I had
　　 not already done.
　　 （あなたができることで，私がまだやっていないようなものは
　　 何ひとつとしてありませんでした）

　同格節によって修飾される名詞の代表的なものとしては，fact のほかに次のようなものがある。

　　assumption（仮定，仮説），belief（信念），condition（条件），
　　conviction（確信，信念），ground（理由，根拠），idea（考え，
　　意見），impression（印象），information（情報），message
　　（伝言，知らせ），news（ニュース，知らせ），notion（概念，
　　意見），reason（理由），rumor / rumour（うわさ），sugges-
　　tion（提案，示唆），suspicion（疑い），etc.

Exercises

(a)　Linda believes the claim that Susan, who is tall, is a pig-
　　 my.　［注：a pigmy＝a pygmy「ピグミー族の一員」］

(b)　He realized a fact, which everyone should be aware of,
　　 that too much work is bad for the health.

(c) That Pissarro is one of the most accessible painters of 19th century France is obvious—as obvious as the fact that the Pissarro retrospective, which Boston is the only American city to see, is a major international art event.

[注：accessible「(芸術作品などが) 取りつきやすい」; the Pissarro retrospective「ピサロ回顧展」]

(d) Your job was to learn exactly those things that would give an examiner the impression that you knew more than you did know.

[注：did は「強調の do」の過去形で, 日本語の副詞「実際に, 事実」に相当する働きをする。読むときには, do や did の部分を強く発音するが, 書くときには, 太字体やイタリック体 (下線) を用いないのが普通である。do/does/did を用いているそのことにより「強調の do」であることがわかるからである。ただし, be/have 動詞を助動詞として用いるとき, そこを強調する場合には, be/have の部分を太字体やイタリック体 (下線) で書き表す。「強調の do」の場合にも, 文法書や参考書などの例文の中では, イタリック体や太字体を用いることがあるのは, 学習者の注意をそこに向けさせるためのものなので, 私たちが普通に英語を書くときの手本とはならないことに注意しよう]

3.5. 関係詞節中の主語と動詞の倒置

A. I found myself in a hallway in which hangs a large poster of Lincoln.

B. Two children were seated at a table on which was placed a doll and some play foods.

A. 気がつくと，私はリンカーンの大きなポスターのかかっている玄関にいた。

B. 人形が 1 つとおもちゃの食べ物がいくつか置いてあるテーブルに 2 人の子供が座っていた。

場所を表す前置詞句が文頭の位置にあるとき，主語と動詞の倒置が起こることがある。

(1)　In each hallway {is / hangs / has long stood} a large poster of Lincoln.

（どの玄関にもリンカーンの大きなポスターが {ある／掛かっている／長い間立て掛けてある}）

(2)　Among the guests {were / sat} John and his family.

（そのお客の中にジョンとその家族が {いた／座っていた}）

［この例文では，John and his family という複数名詞句に合わせて，複数形動詞 were を用いているが，上の B の文では，a doll and some play foods の最初の名詞句 a doll に合わせて，単数形動詞 was が用いられていることに注意。特に，there 構文の文 (e.g. There are a doll and some play foods.) において，最初の名詞句が a doll のように単数形である場合は，それに合わせて There's a doll and some play foods. のように，be 動詞の単数形 is を縮約形 's の形で用いることが多く見られる］

同じような倒置が関係詞節の中においても見られる。すなわ

ち，関係代名詞とその前の前置詞とが under which, on which などのように場所を表す前置詞句となっている場合，関係詞節内の主語と動詞は倒置されることがある。

(3) They are planning to destroy the old church under which are buried six martyrs.
（彼らは 6 人の殉教者がその下に埋葬されている古い教会を破壊しようともくろんでいる）

(4) He lived in a house with a porch on which was placed a large wicker couch.
（彼は柳細工の大きな寝椅子が玄関に置いてある家に住んでいた）［特にイギリス英語では，a porch in which のように前置詞 in を用いるのが普通である。cf. wait on／in the porch（ポーチで人を待つ）］

(5) This rotunda, in which stands a statue of Washington, will be repainted.
（この円形の建物は──この中にワシントンの像があるのですが──ペンキの塗り直しをすることになっています）

このような主語と動詞の倒置を引き起こす動詞としては，be 動詞のほか，come, fall, hang, revolve, sit, stand などの自動詞がある。特に動詞句の部分が be 動詞だけからできているような場合には，一般的に倒置が必ず行われる。

(6) We went to the station to meet a group of tourists from New York, among whom were John and his family.

（私たちはニューヨークからやってくる旅行者の一行を出迎えるために駅に行きましたが，その一行の中にはジョンとその家族がいました）

(7) *We went to the station to meet a group of tourists from New York, among whom John and his family were.

このことは，（主節と従属節からなる）複文の中に現れる関係詞節の場合だけでなく，独立して用いられた単文についても当てはまる。

(8) *In each hallway a large poster of Lincoln is. (cf. (1))

(9) *Among the guests John and his family were. (cf. (2))

前置詞と関係代名詞が分離されて用いられる場合には，倒置は起こらない。

(10) *They are planning to destroy the old church which are buried six martyrs under.

cf.(11) They are planning to destroy the old church which six martyrs are buried under.

Exercises

(a) These are the causes to which are attributed most of the financial catastrophes of the decade.
[注：attribute A to B「A を B のせいにする」；catastrophe「大異変，大惨事」；decade「10 年間」]

(b) I met the social director to whom fell the task of finding accommodations for all the visiting physicists.

[注：social director「親睦業務理事」; fall to ...「～の仕事（お役目）となる」; accommodations「宿泊施設」; physicist「物理学者」]

(c) They are planning to destroy the old church, in the basement of which are buried many famous revolutionary heroes.

(d) Jack set the lantern down next to the Bible on the table, around which stood four chairs, and he set his bag down on the bed. [注：lantern「手提げランプ，ランタン」]

(e) With the girls who had joined her Mother Teresa formed, in 1950, a new order of nuns—The Missionaries of Charity—to which was later added another order for men—The Missionary Brothers of Charity.

(栗原ほか（1990: 164）に基づく）

[注：Mother Teresa (1910–1997) マケドニア生まれのインドの修道女でノーベル平和賞受賞者 (1979); order「修道会」; nun「修道女」; the Missionaries of Charity「博愛伝道者の会」; the Missionary Brothers of Charity「博愛修道士の会」; her＝Mother Teresa（⇨§2.1「節に相当する名詞句」注1）]

3.6. 先行詞＋関係詞節＝間接疑問文

A. Only Harold knew the kind of candy that Jill likes.

B. Susan found out the place where the meeting was to

be held.

C.　The height of the building wasn't clear.

A.　ジルがどのような種類のキャンディーが好きなのかを
ハロルドだけが知っていた。

B.　スーザンはその会議がどこで開かれることになってい
るのかを探り出した。

C.　その建物の高さが，一体どのくらいあるのかはっきり
しませんでした。

「先行詞＋関係詞節」が全体として1つの文に相当することが
ある。その1つの場合が，間接疑問文とほぼ同じような意味を
表す場合である。

(1)　I'm not sure I know the one you mean. ＝I'm not sure
I know which one you mean.　　　(Elliott (1974: 243))
（あなたがどの（人の）ことをおっしゃっているのか私にはよ
くわかりません）

(2)　Tell me the house you wish that package delivered to.
＝Tell me which house you wish that package deliv-
ered to.　　　　　　　　　　　　　　　　　　(ibid.)
（その小包をどの家に配達してほしいのか教えてください）

(3)　I told her candidly the sort of man I was. ＝I told her
candidly what sort of man I was.　　　(梶田 (1980: 89))
（私は自分がどのようなタイプの人間であるかを彼女に率直に
話した）

このような，いわば隠された疑問文である「潜伏疑問文（con-cealed question）」としての解釈が可能になるのは，「先行詞＋関係詞節」が figure out（理解する，計算する），find out, guess, know, remember, tell, be amazing, be surprised at のように間接疑問文を従えることのできる動詞や形容詞と共に現れたときに限られる。したがって，次のような文の下線部は潜伏疑問文とはならない（潜伏疑問文について詳しくは，Jespersen, *MEG* III, §3.8₈; 千葉（1977）参照）。

(4) I want to meet <u>the one you mean</u>.
（私はあなたのおっしゃる人に会ってみたい）

(5) Take me to <u>the house you wish that package delivered to</u>.（あなたがその小包を配達してほしいと思っているその家に私を案内してください）

「先行詞＋関係詞節」が感嘆文のように解釈される場合もある。

(6) It's amazing the big car he bought.
= It's amazing what a big car he bought.
（彼は何と大きな車を買ったのでしょう）

(7) You'd never believe the fool he turned out to be.
= You'd never believe what a fool he turned out to be.
（判明した彼の馬鹿さ加減ときたら，あなたには信じられないくらいでしょう）

(8) It's surprising the amount of money he earns.

（福地（1995: 62））

= It's surprising what amount of money he earns.

(彼が何と多額の金を稼ぐか，それは驚くべきくらいの額です)

関係詞節によって修飾されていない名詞句の場合も，疑問文や感嘆文のように解釈されることがある（(9), (10) は福地（1995: 51）より）。

(9) James figured out the plane's arrival time.
= James figured out what the plane's arrival time would be.
(ジェームズはその飛行機の到着時刻がいつになるのかを計算してみた)

(10) Fred tried to guess the amount of the stolen money.
= Fred tried to guess how much money had been stolen.
(フレッドはどのくらいのお金が盗まれたのかを推測してみようとした)

(11) John couldn't believe the height of the building.
(その建物の高いこととときたら，ジョンには信じられないくらいだ（った）)

Exercises

(a) I had no idea of the kind of person Roddy was.

(b) I'm impressed by the degree to which the late age of marriage is for many couples a kind of art craft.
[注：art craft「工芸品」]

(c) He knew that what a child was called would really influence the kind of person he or she became.

［注：動詞 called, became が過去形になっているのは，一種の「時制の一致」の規則によるものであるが，この場合は，特に仮定法過去形 would の影響（「仮定法の伝播」）が強いと言えるであろう。「仮定法の伝播」については，千葉（2013: 6-14），千葉（2018: Ch. 9）参照］

(d) John found out the amount Bill had borrowed.

(e) Jill told me the person who started all the fuss.

［注：fuss「大騒ぎ」］

(f) Kim refused to tell the police the fellows who had been involved. ［注：be involved「かかわりのある」］

3.7. 先行詞＋関係詞節＝平叙文

A. What did bother me was the haste in which his suggestion was done.

B. Clara spoke of the advantage that had been taken of her.

A. 私が実際気になったのは，彼の提案が性急に行われたということなんです。

B. クララは自分がだまされたことを話した。

「先行詞＋関係詞節」が「主語＋述語」よりなる平叙文として解釈される場合がある。たとえば，

(1) I don't believe in <u>houses that are broken into at one o'clock in the afternoon</u>. 　　　　　（梶田（1984: 65））

（午後の1時という時刻に家に強盗が押し入るなんて，私には信じられません）

の下線部は，表面上「先行詞＋関係詞節」の形になっているが，意味上は that houses are broken into at one o'clock in the afternoon のような従属節（that 節）として解釈される。ただし，実際に that 節を believe in の後に続けるときは，前置詞 in を消去して，I don't believe that … のようにしなければならないことに注意。形容詞 afraid（of）や過去分詞形動詞 surprised（at）などの場合もまた，that 節が後ろに続くときには，前置詞 of, at を消去しなければならない。cf. *be afraid of that …/*be surprised at that …（⇨§5.5「形容詞＋前置詞，形容詞＋that 節」）。

　同じように，

(2) The tragedy began with <u>the demonstrators who threw stones at the police</u>.

（その悲劇はデモに参加した人たちが警官隊に石を投げつけたことにより始まった）

の下線部は，日本語訳に示したように，that the demonstrators threw stones at the police のような従属節として解釈するのがよい。

　このような捉え方を表題の文 A, B に当てはめると，A, B はそれぞれ，His suggestion was done in <u>haste</u>. および <u>Advantage</u> had been taken of her. の下線部の名詞を先行詞とする関係代名

78

詞化が行われて，the haste <u>in which</u> …，the advantage <u>that</u> … の形に変えてでき上がった文なので，そのような元の文を頭に置きながら日本語訳を考えると，正しく理解できるということになる。なお，Advantage had been taken of her. は，もともと，イデオム take advantage of … (この場合は，「～の弱みに付け込む，(女性を) 誘惑する，だます」の意味で，ほかに「(機会などを) 利用する」の意味もある) からなる文を受け身の文に変えたものである。

　(ここで取り上げた話題についてさらに詳しくは，福地 (1995: Ch. 2)，「関係節と潜伏命題」参照。)

Exercises

(a)　I hoped that she was feeling a little remorseful for all the unkind things she had said.

　　［注：feel remorseful「後悔している」］

(b)　The word *thud* has exactly the sound of a heavy object that strikes something with a loud wham.

　　［注：thud [θʌd]「ドスン，ドサッ」; wham [(h)wǽm]「ドシン，ドカン」］

(c)　Our advisor was pleased with the headway we made.

　　［注：make headway「前進する，進捗が見られる」］

(d)　The vote was the most important step in the process of enacting the bill, and it represented the first time the church had been defeated in a confrontation with the government on a social issue in the long history of this country.

［注：enact「（法案を）立法化する」；bill「法案」；confrontation with ...「〜との対決，対立」］

3.8.　間接疑問文か関係詞節か

A.　John doesn't know what I collected.

B.　John brought me what he collected.

A.　ジョンは私が何を集めたのか知らない。

B.　ジョンは集めた物を私の所に持ってきてくれた。

---

ask, decide, know, tell などの動詞の後に（1）のような Wh-疑問文が従属節として続くときは，「疑問詞＋主語＋述語」の語順を持つ（2）のような間接疑問文となる。

(1)　What did Albert buy?

　　（アルバートは何を買いましたか）

(2)　John asked what Albert bought.

　　（ジョンはアルバートが何を買ったのかを尋ねた）

同じように，(3), (4) に対する間接疑問文はそれぞれ (5), (6) のようになる。

(3)　Why did Albert buy it?

(4)　Whose dog did Albert buy?

(5)　Alice didn't know why Albert bought it.

　　（アリスはアルバートがなぜそれを買ったのか知らなかった）

(6) Tom told me whose dog Albert bought.

（トムはアルバートが誰の犬を買ったのかを私に教えてくれた）

　一方，(7) のような疑問詞を含まない Yes-No 疑問文に対する間接疑問文は，whether あるいは if を接続詞として用いて作る。

(7) Did Albert buy it?

（アルバートはそれを買いましたか）

(8) Alice didn't know {whether / if} Albert bought it.

（アリスはアルバートがそれを買ったかどうか知らなかった）

　表面上，間接疑問文によく似た構文として，先行詞を兼ねた関係代名詞 what によって導かれた関係詞節がある。

(9) Alice didn't wash <u>what Albert bought</u>.

（アリスはアルバートが買った物を洗濯しなかった）

この場合，動詞 wash は ask, decide, know, tell などの動詞と異なり，間接疑問文を従属節として従えることができないので，この文の下線部は間接疑問文とは解釈できない。ただし，<u>demand</u> のような動詞は，目的語として間接疑問文および what で導かれた関係詞節のいずれをも選ぶことができるので，次のような文は 2 つの異なる意味を持つ曖昧な文となる。

(10) I demanded what he had stolen.　(ambiguous)

（a. 私は彼が何を盗んだのか言えと要求した。

　b. 私は彼が盗んだ物をこちらに渡せと要求した）

　このような場合，どちらの解釈になるのかは，一般的に発音によって区別することができる。すなわち，疑問詞の場合は，関係代名詞と違って，そこに強勢を置いて発音するのが普通である。

　who, how, why などの関係代名詞や関係副詞に導かれた関係詞節が this is や that is／that's の後に続く場合の日本語訳は不自然なものにならないよう工夫する必要がある。

(11)　So that's who he's working for.
　　　（それで，それが彼がその人のために働いている人です ⇨ そういう次第で，その会社（その人のもとで）で彼は働いているのです）
　　　［注：「～会社・事務所で働く」は work for ... のように，前置詞 for を用いた言い方ができることに注意。たとえば，Who do you work for?（どこにお勤めですか）と聞かれて，I work for my father's company.（父の会社に勤めています）のように答えるやりとりがふつう行われる］

(12)　This is how big it was.
　　　（これがそれがどのくらい大きな物であったかということです ⇨ それは（実際）これほどの大きさがあったのです）

(13)　That's why I don't go there anymore.
　　　（それが私がもうそこには行かない理由です ⇨ ｛だから／そういうわけで｝，私はもうそこには行きません）

Exercises

(a)　I want to know where Harry went.

(b) Alice didn't know what it was that Albert bought.

(c) I threw out what there was in the car.

(d) Linguistics is no longer what it was fifty years ago.

[注：linguistics「言語学」]

(e) Beth told me what Tim told her.　(ambiguous)

(f) That's where the problem lies.

3.9.　挿入節としての関係詞節

A. The police showed me what they considered decisive evidence.

B. Her voice was soft and silky and what I can only describe as dangerous.　(Kajita (1977: 54))

A. 警察は——彼らの考えたところによると——決定的な証拠を私に示した。

B. 彼女の声はソフトでつややかで——私にはこうとしか形容できないのだが——危険であった。

梶田 (1980: 89) の指摘するように,「What に導かれる関係詞節の中に補語が含まれているとき, その補語以外の部分を挿入節のように解釈すると分かりやすいことがある。」たとえば, 次のような文は, 下線部を挿入節のように考えるとよい。

(1) The man entered the cockpit with a razor and <u>what the crew thought was</u> a pistol.

(その男はかみそりと，それから──乗組員の思ったところでは
──ピストルを持って，操縦室に入ってきた)

(梶田 (1980: 89))

同じことが次のような文についても当てはまる。

(2) There was what appeared to me to be a jackknife on
the table.

(テーブルの上には──私にはそう見えたのだが──ジャックナ
イフがあった)

(3) I was awakened by the maid who said, "Good morn-
ing" in what I cannot but think an unnecessarily loud
voice. (Kajita (1977: 54))

(私は，メードが──私にはそうとしか思えないのだが──不必
要に大きな声で「おはようございます。」と言うのに起こされ
た)

(4) He was always what might have seemed to strangers a
little odd in his manner.

(彼の振る舞いには常に──他人にはそのように思えたかも知れ
ないのだが──どこか奇妙なところがあった)

(5) The majority of people have resented what seems in
retrospect to have been purely matter-of-fact comment
on their institutions. (梶田 (1980: 89))

(大多数の人は自分たちの慣例に対する単に事務的な解説──実
際過去を振り返ってみると，これまでそのような解説が行われ
てきたように思われるのだが──に憤慨した)

84

　これらの文の特徴は，下線部が次に続く補語に対する修飾語句になっていることである。このような関係詞節は，その補語の内容についての話し手や書き手の説明や但し書きとしての働きをしている。

　この修飾語句としての性質が更に進んだ場合の例として，補語以外のものを修飾する次のような例（Kajita (1977: 57)）がある（すなわち，(6) では副詞を，(7) では動詞句をそれぞれ修飾している）。

(6)　He came out next day, but I didn't get a chance of speaking to him <u>what you might call</u> privately.
　　（次の日彼は外へ出てきたが，私は「個人的に」と言えるような感じでは彼に話しかける機会に恵まれなかった）

(7)　Frank is awfully sensitive and it had upset him a lot to feel that my mother disapproved of him, and was <u>what he called</u> poisoning my mind.
　　（フランクは大変神経質で，次のように感じて大いに狼狽しました。すなわち，私の母が彼のことを認めてくれず，また──彼に言わせれば──私に偏見を植え付けているのだというふうに感じて）

　すなわち，(6) においては，what you might call が副詞 privately を修飾し，(7) においては，what he called が進行形の動詞 poisoning を修飾している。

　以上取り上げた what に導かれた関係詞節による例文の持つ特徴は，いずれも「～のように見えるもの」や「～と思われるもの」のように，「事実～であるかどうか」の断定を避けた表現を含ん

でいるところにある。このような婉曲的あるいは遠回しの表現
は，形容詞 alleged（〜とされる，〜と思われている）の働きに相当
すると言える。次の例文を参照（van Riemsdijk (2017: 1690)）。

(8) a. They served me what they euphemistically referred
to as a steak.
（彼らは遠回しにステーキだと称したものを私に出してくれ
た）

b. They served me an alleged steak.
（彼らはステーキだということになっているものを私に出し
てくれた）

このような特徴を持った what は，「自由関係詞節（free rela-
tives）」と呼ばれる関係詞節を導く what の一種である。ただし
what＝the thing(s) which と説明される普通の what の用法とは
異なり，what によって表されているものが物ばかりか人である
ことも許されるという違いが見られることに特に注意したい。次
の例文を参照（van Riemsdijk (2017: 1690)）。

(9) a. She invited what I took to be a policeman to stay
overnight.
（彼女は私が警官だとみなした人を一晩お泊まりくださいと
招待した）

b. *She invited what was carrying a baton and a gun to
stay overnight.
（彼女は警棒とピストルを携帯していた物を一晩お泊まりく
ださいと招待した）

Exercises

(a) The town possesses what is surely one of the longest piers in England. ［注：pier「(遊歩) 桟橋」］

(b) They acted on what they conceived to be their moral duties to their allies.

(c) The word loyalty is much abused. For "loyalty" is too often a polite word for what would be more accurately described as "a conspiracy for mutual inefficiency."

［注：conspiracy「陰謀」; inefficiency「無能力」］

(d) We saw the man enter the room with a gun, a knife, and a can of what we took to be gasoline.

(e) In 1955, an Air India plane carrying the Chinese delegation to the Bandung conference was blown up in the air in what the Hong Kong police called a "carefully planned mass murder."

［注：delegation「代表団, 使節団」; Bandung [bάːndùŋ, bǽn-]「(インドネシア ジャワ島の都市) バンドン」; murder「殺人計画」］

(f) But, one day in 1946, she was traveling on a train when she heard what seemed to her a clear call from God, to give up everything and follow him into the streets to serve him among the poorest of the poor.

(栗原ほか (1990: 160))

［注：she was traveling on a train when she ...「彼女が汽車で旅行をしていると，(突然) 彼女は ...」］

3.10. 関係代名詞の省略

A. If I could live my high school years over, the one thing I would do differently would be to take Latin.

B. I talked to the doctor many of us believe is a spy.

A. もしもう一度高校時代の生活を経験することができるならば，以前と違ったふうにやりたいと思う唯一のことは，ラテン語の授業をとることでしょう。

B. 我々の中の多くの人が，あれはスパイに違いないと思っているその医者に，私は話しかけた。

　関係代名詞は（1）のような文においては省略できるが，一方，（2）のような文においては省略できない（関係代名詞の省略された位置を記号 φ で表すことにしよう）。

(1)　I talked to the doctor who I met at the party.

　　　（私はパーティーで会ったその医者に話しかけた）

　　　⇨ talked to the doctor φ I met at the party.

(2)　I talked to the doctor who came to the party.

　　　（私はパーティーにやって来たその医者に話しかけた）

　　　⇨ *I talked to the doctor φ came to the party.

　一般的に，関係代名詞はそのすぐ後ろに名詞句が来るような場合には，省略することができる。すなわち，（1）においては who の直後に名詞句 I が続いているので who を省略できる。一

方，(2) においては who の直後に動詞 came が続いているので who を省略することはできない。同じように，(3) においては，who の直後に来るのが副詞 probably であるために who を省略することができない（同じような事実の指摘は，Kuno (1974: 134) においても見られる）。

(3) I talked to the doctor who, probably, you met at the party.

（私は，おそらくあなたがそのパーティーで会ったのではないかと思われる医者に話しかけた）

⇨ *I talked to the doctor φ, probably, you met at the party.

次の例文においては，関係代名詞 which の直後に名詞句 he が続いているので which を省略することができる。

(4) That is the amount which he figures would be their contribution to the US military budget.

（それはアメリカの軍事予算に対して彼らが寄与している分であろうと彼が見積もっている金額です）

⇨ That is the amount φ he figures would be their contribution to the US military budget.

この場合，which が動詞 figures の目的語ではなく，動詞句 would be their contribution to ... の主語であることに注意しなければならない（⇨§3.1「関係代名詞の役割り」）。

以上の説明は，梶田 (1984) に基づく解説となっている。ただし，上に述べた規則でも十分というわけではない。この規則は，

特に下記例文 (5)–(8) のように,「名詞句からの外置 (Extraposition from NP)」と呼ばれる規則により,関係詞節が先行詞の直後の位置を離れて後ろの方に移動（外置）された場合に問題となる（例文 (5), (6), (7), (8) は,それぞれ,Hornstein and Lightfoot (1987: 41), Kayne (1981: 123), Lasnik (2003: 80) および Culicover (1976: 201) より）。(7b) の ?* の記号は,「完全に非文法的とまでは言えないが,かなり不自然な文である」という Lasnik 自身の判断を表す。ただし,ここでは,非文法的文 (5b), (6b), (8b) と比較してそのような微妙な違いが見られるという意味で (7b) の例文を挙げているわけではないので,* 印のついた他の文と同じ程度に (7b) も「非文法的,不自然な」文であると理解して差し支えない。

(5) a.　A book arrived that Fred wrote.

　　b. *A book arrived Fred wrote.

(6) a.　He gave something to his sister that he was very fond of.

　　b. *He gave something to his sister he was very fond of.

(7) a.　I visited a man recently that John mentioned.

　　b.?*I visited a man recently John mentioned.

(8) a.　John looked the information up that Mary had requested.

　　b. *John looked the information up Mary had requested.

すなわち,これらの例文においては,関係代名詞の直後に名詞

句が続いているにもかかわらず，関係代名詞を消去することができない。さらに，問題の規則は，関係詞節が等位構造をなす次のような例（岡田 (1987: 200)）の場合にも，同じように問題となる。すなわち，(9a) において，2つ目の関係代名詞 who の直後には名詞句 John が続いているにかかわらず，この関係代名詞を消去すると非文法的となってしまうことがわかる。

(9) a.　a man who hates Bill and who John likes
　　 b. *a man who hates Bill and John likes

以上のような問題点を克服するために，岡田 (1987: 200; 2001: 44) は，(10) のような修正版を提案している。

(10)　関係代名詞は，先行詞と名詞句にじかに挟まれている場合に限り，省略できる。

このように，問題の関係代名詞の右側だけでなく，左側の環境指定をも条件の中に取り入れた形の規則 (10) によると，上記例文 (5b), (6b), (7b), (8b), (9b) は，いずれの場合も，規則どおり説明できることになる。すなわち，これらの文においては，先行詞と関係代名詞の間に別の要素が入り込んだ形になっているので，「じかに挟まれている場合」という条件を満たしていないことになり，したがって，関係代名詞の省略は許されないことになる。

　最後に，かなり砕けた口語体の表現として，次のような強調構文や there is の構文（thre 構文，存在文）において，すぐ後ろに名詞句が続いていないのに，関係代名詞が省略されることがあるという事実にも注意したい（詳しくは，荒木 (1996: 483ff.) 参照）。

(11)　It was John（who）said it.
　　　（それを言ったのはジョンであった）

(12)　There's a woman（who）wants to see you.
　　　（あなたに会いたいと言う女の人がいます）

　さらに，次の例文（Caponigro（2019: 363ff.）より）のように，
whatever + NP, however much / many + NP の場合に見られる関
係代名詞の省略についても注意する必要があるであろう。

(13) a.　You can read whatever books（that）are on the table.
　　　　　（テーブルの上にある本はなんでも読んでいいですよ）
　　　　cf.　You can read whatever is on the table.
　　　　　　??You can read whatever that's on the table.

　　b.　She can provide however much financial support
　　　　{is / that's} needed.
　　　　（彼女は必要とされる財政的援助がいかほどであろうとも提
　　　　供できます）

Exercises

(a)　This is the problem（that）no one paid any attention to.

(b)　This is the problem that, unfortunately, no one paid any
　　attention to.
　　cf. *This is the problem φ, unfortunately, no one paid
　　　any attention to.

(c)　This is something（which）John and I know is typical of
　　the American schools today.

(d) Then I said, in a voice (which) I hoped sounded like a mix of confidence and disdain, "No. Of course, it won't."

[注：disdain「軽蔑」]

3.11. 関係代名詞＋be 動詞の省略

A. This is a question difficult to answer.

B. Then, in space given her by one poor family, she opened a little school.

C. The boy sitting in the corner is my nephew.

A. これは答えるのが難しい問題です。

B. そこで，彼女は貧乏なある家族が提供してくれた空き地に小さな学校を開きました。

C. その隣に座っている少年は私の甥です。

関係詞節が「関係代名詞＋be 動詞＋形容詞（あるいは，動詞の現在分詞／過去分詞）＋修飾語句」よりできている場合，一般的に，関係代名詞＋be 動詞を省略することができる。

(1) The man who is happy that she works is John.

（彼女が働くのを喜んでいる男はジョンである）

⇨ The man happy that she works is John.

(2) I know a story which is sad to relate.

（私は語るも涙の物語を 1 つ知っています）

⇨ I know a story sad to relate.

(3) Looney was an official who was elected by a large majority.

　（ルーニーは大多数の人によって選ばれた公務員でした）

　⇨ Looney was an official elected by a large majority.

(4) The house which is being built over there is Kitty's house.

　（向こうに今建築中のあの家はキティーの家です）

　⇨ The house being built over there is Kitty's house.

　一方，形容詞（あるいは動詞の現在分詞／過去分詞）の後に修飾語句がない場合には，関係代名詞＋be 動詞の省略は一般的に許されない。

(5) I know a story which is sad.

　*I know a story sad.

　cf. I know a sad story.

(6) Looney was an official who was elected.

　*Looney was an official elected.

　cf. Looney was an elected official.

　ただし，anything, anybody, anyone, something, somebody, someone, everything, everybody, everyone などの不定代名詞が先行詞となっているような場合は，関係代名詞＋be 動詞の部分をそのまま省略できる。

(7) It is important to recognize that there is nothing controversial in what has just been said.

　（ただ今申し上げたことについては，何ら議論を引き起こすよ

うなところがない，ということを認識することが重要です）

(8) As soon as I got out of the plane, I smelled something peculiar.

（飛行機から降り立つとすぐに，私は何か奇妙な臭いがするのに気がつきました）

特に，available（利用できる），imaginable（想像できる），impassable（通り抜けられない），possible（可能な），responsible（責任のある），visible（見える，認識できる）のように，-(a)ble の語尾を持つ形容詞が後ろに続く場合も，関係代名詞＋be 動詞をそのまま省略できる。

(9) We asked every question imaginable.

（私たちは思いつく限りのあらゆる質問をしました）

(10) The decoration of the house had been done in the best style possible.

（その家の飾り付けは，できうる最上のスタイルで施されていました）

(11) The only person visible was a policeman.

（目にすることのできたのは，ただ 1 人警官の姿でした）

動詞の過去分詞形が修飾語を伴わずに後から直接名詞を修飾することもある。

(12) I am also grateful for the cooperation of the teachers in the schools involved.

（今回ご協力下さった学校の先生方にも，そのご協力に対して感謝いたします）

[注：involved「～に参加した，関係した，かかわった」]

(13) The bereaved families of those <u>killed</u> face great hard-ships.

(亡くなった方々のご遺族には，これから大変な苦労が待ち受けています)

(14) Japan accepted the suggestion but the measures <u>taken</u> have not yet produced the intended result.

(日本はその提案を受け入れたが，講じられた処置によって期待どおりの結果はまだ得られていない)

resemble, own のように進行形にできない動詞の場合でも，-ing 形が形容詞的に名詞を修飾することはできる（⇨§4.4「進行形にならない動詞」）。

(15) a house <u>resembling</u> a barn（納屋に似た家）

(16) a rich man <u>owning</u> a Rolls-Royce

(ロールスロイスを所有している金持ち)

このような場合，(15), (16) はそれぞれ次の (17), (18) の関係代名詞＋ be 動詞を省略したものではなく，(19), (20) を言い換えたものであると考えればよい。

(17) *a house which is resembling a barn

(18) *a rich man who is owning a Rolls-Royce

(19) a house which resembles a barn

(20) a rich man who owns a Rolls-Royce

Exercises

(a) The most that a book can do is to deal with the difficulties of pronunciation most frequently met with.

　　［注：最初の most は can do と一緒になって「せいぜいできることと言えば」の意味，2 番目の most は「最も〜」の意味をそれぞれ表す］

(b) The most serious immediate problem facing the Administration is to gain the support of organized labor.

　　［注：Administration「政府，政権」］

(c) There was a very nice place over the hill by the creek. There were trees so big I couldn't get my arms around them, and soft grass and rocks to sit on.

(d) Any person knowing anything about Smith's current plans should telephone the state police.

　　［注：state police「州警察」］

(e) Soon he received an answer. It was a form letter requesting that he send some examples of his artwork.

　　［注：form letter「印刷された（ひな型形式の）手紙」；原形動詞 send は仮定法現在動詞。詳しくは §4.6「仮定法現在」参照］

(f) Clasped hands raised above the head is a display of triumph that grows out of a surge of feeling following a victory.

　　［注：clasp「握りしめる」；display「表現，表れ」；surge「（感情の）高まり」］

(g) Mother Teresa keeps nothing for herself or her nuns, for, as she said, "We need poverty, real poverty. It gives us the freedom necessary to understand the very poor people with whom we work." （栗原ほか (1990: 165) より）

(h)　Apparently the only possible alternative remaining is to allow the prepositional phrase to be preposed.

［注：prepositional phrase「前置詞句」；prepose「前の方に置く，前置させる」］

3.12.　関係代名詞の先行詞

A.　Sam is at home, which is where Sue is.

B.　Susan is pretty, which is more than we can say for Emily.

C.　We even began to quarrel with each other, something we'd never done before.

A.　サムは家にいますが，スーもそうです。

B.　スーザンはかわいいが，エミリーについては，そんなことはとても言えない。

C.　我々は互いにけんかすら始める始末だったが，そんなことは，以前には決して起こらないことだった。

　非制限的用法の関係代名詞の先行詞は，単に名詞あるいは名詞句だけとは限らない。それ以外に，動詞句，前置詞句やあるいは先行する節全体が先行詞となることもある。

(1) They expect him to run for Parliament, which he will.

（彼らは彼が国会議員選挙に立候補するだろうと思っているが，実際，立候補するでしょう）

(2) Bill is drunk all the time, which is probably how you'd like to be.

（ビルはしょっちゅう酔っ払っているが，おそらく，君もそうしていたいのではないかな）

(3) She claimed she was sick, which she wasn't.

（彼女は病気だと言い張ったが，実際は，病気ではなかった）

(4) Tom played basketball from 5:00 to 7:30, which is exactly when the committee meeting was held.

（トムは5時から7時半までバスケットをしていたが，その時間というのは，まさに委員会の会議が開かれていた時間だった）

(5) Nouns and verbs are present in child speech when words are first combined into sentences, roughly at 18 months, which also is when the sensory-motor period comes to a close.

（子供が単語を組み合わせて文の形で初めて用いるようになる時期―おおざっぱに言って，生後18か月ですが―その時期には，子供の発話の中に名詞と動詞が登場しています。ところで，この生後18か月という時期は感覚運動形成が終了する時期でもあるのです）

(6) He is fond of music, which I am glad to hear.

（彼は音楽が好きだということを聞いて私はうれしく思います）

(7) The books have not yet arrived, which bothers me.

（本がまだ到着していないので気になります）

　前の節全体が先行詞となる場合でも，その節の語句の一部を省いたり，適当なものに置き換えたりして，全体を適当に解釈し直さなければならないことがある。

(8) He always slaps you on the back, which is only to make you swallow what he's told you.

（彼はいつも君の背中をぴしゃりとたたくが，それは，ひとえに彼が君に言ったことを飲み込ませるためなのです）

［注：この場合の which を解釈するときは，always を先行詞の部分から除いて解釈するのがポイント］

(9) "Look, mate, why do you make more trouble than it's worth? Even if I could haul it across, which I can't, the beast will die on you."

（「おい兄弟，何だってあんたは，必要以上に騒ぎを引き起こすんだい。たとえ俺がその馬を向こう岸まで引っ張って行けたとしても──そんなことはできっこないんだが──あいつは死にやがるぜ」）

［注：could を先行詞の部分から除いて解釈する；前置詞 on は，「不利益，被害を表す on」で，die on you は「（馬が）死ぬことであなたに被害をもたらす」の意味。日本語の「被害の受け身」（e.g.「彼女に電話を切られた（She hung up on me.）」「雨に降られた（It rained on me.）」）に相当する］

(10) The man John is usually asking for help is Mr. Rockefeller, which is what was happening last week and will continue to happen for the rest of this year at least.

（ジョンがふつう助けを求めるのはロックフェラー氏なのだが，先週の場合もそうだったし，また少なくとも今年の残り一杯は，ずっとそうなるだろう）

［注：which の先行詞部分を (that) John asks Mr. Rockefeller for help のように捉え直すとよい］

(8) においては，副詞 always が，また (9) においては，Even if と助動詞 could が，意味的に which の先行詞の一部として含まれていない。(10) においては，which の先行詞は意味的に John's asking Mr. Rockefeller for help （ジョンがロックフェラー氏に助けを求めること）であり，The man John is usually asking for help is Mr. Rockefeller. そのものではない。

前の節全体が先行詞となるとき，関係詞節の部分の「which + be 動詞 + 名詞句」のうち，「which + be 動詞」の部分が省略されて表面上に現れていないことがある（⇨§3.11「関係代名詞 + be 動詞の省略」）。そのような場合には，残された名詞句の部分が（先行詞に相当する）その前の部分を同格の関係で修飾しているものと解釈すればよい。

(11)　If correct, this implies that appositive relatives have no properties specific to themselves, a very desirable conclusion.

（もし正しいとすれば，このことは，非制限的用法の関係詞節がそれに固有の特徴を何ら備えていない，ということを意味することになるが，これは大変望ましい結論です）

(12)　Freedom must be guarded with care, a fact demonstrated by human history.

（自由というものは，注意深く守っていかなければならない。
この事実は，人類の歴史の中によく示されています）

(13)　John and Ed both clocked the same time to win silver
medals, a rarity in this track and field event.

（ジョンとエドは共に同タイムでゴールインして銀メダルを分
かち合ったが，そのようなことは，陸上競技のこの種目ではま
れなことである）

［注：clock「（ある時間・スピードを）達成する，記録する」：
不定詞 to win ... は「結果」を表す不定詞の用法］

前の節全体が先行詞となる場合の一種として，関係代名詞
Which で新たに文章を始めることがある。

(14)　Our bank gives you the flexibility to make borrowing
easier on your budget. Which is one important reason
why borrowing becomes something better at our bank.

（当銀行はお客様のご予算に応じて，借り入れがより簡単にな
るよう融通性をきかせております。まさにこのことが，当銀行
での借り入れがより魅力あるものとなっている重要な理由の1
つでもあります）

(15)　"Hey—who's the boy?" shouted the woman.　"He's
nothing!" Jenny called back.　Which did wonders for
my confidence.

（「あーら，その男の子は誰なの。」とその女は大声で聞いた。
「誰でもないの。」ジェニーは答えた。それを聞くと，私は事実
不思議と自信が湧いてくるのだった）

［注：do wonders「驚くべき効果を生じる」；work wonders と

も言う〕

また時には，which が句の一部をなして，All of which …,
From all of which …, Besides which …, After which … のよ
うな表現で新たな文章が始まることがある。

(16) All of which brings us to the intriguing question.
   (これらすべてのことから，次のような興味深い疑問が生じて
   くる)

(17) Besides which, Japan will increase its spending to im-
   prove the quality of its military hardware.
   (以上のほかに，日本は軍事支出を増やして，兵器の質を改善
   することであろう)

Exercises

(a) Sometimes John had to stand up to steer properly, which
   was dangerous.

(b) The difference between the alternatives shown in figures
   9 and 10 is that the former draws a distinction, which the
   latter does not, between the top and bottom lines.
   〔注：figures 9 and 10 の複数形名詞 figures は 9 と 10 の両方を修
   飾しているので，英語ではこのように複数形にするという事実に
   特に注意しよう。*figure 9 and 10 のような誤りが日本人英語学習
   者に多く見られる〕

(c) Your child is normal, and those children are out of the or-
   dinary, which is often what happens when children are

given responsibilities.

［注：out of the ordinary「並外れた，普通でない」］

(d) And then if you were punished, you would be sitting with the boys, which didn't bother me at all.

［注：didn't の（見かけ上の）過去形 did は，「時制の一致」によるもので，この場合は，特に仮定法過去の would の影響を受けた「仮定法の伝播」の現象によるものである。§3.6 Exercises の文 (c) 参照］

(e) This boy seemed respectful, which was unusual when you consider that he lived in Daytone Avenue.

［注：respectful「丁寧な感じの」］

(f) It should be kept in mind that the numbers go down as the stress goes up, admittedly a disadvantage of this notation.

［注：as ...「～につれて」；admittedly「明らかに」；notation「表記法，表示法」(e.g. blackboard eraser（黒板拭き))］

(g) Radio Tehran announced that 377 persons were killed when fire roared through a theater in the southwestern Iranian port city of Abadan, a tragedy blamed by officials on Islamic extremists.

［注：Radio Tehran「テヘラン放送」］

3.13. 非制限的用法の関係詞節

A. Did you read Paula's paper, which I left on your

> desk?
>
> **B.** All the men, who are ready, will leave at once.
>
> **C.** This fountain pen, which cost me a lot of money, leaks badly.
>
> ─────────────────────
>
> **A.** ポーラの書いた論文をお読みになりましたか──あなたの机の上に置いておきましたが。
>
> **B.** その人たち全員は準備ができていたので，すぐ出発するでしょう。
>
> **C.** この万年筆はかなりのお金を出して買ったものですが，インク漏れがひどいのです。

　非制限的用法の関係詞節は一般的にその先行詞（これは前の節全体であることもあるが）の内容をさらに敷衍して述べたり，注を付け加えるような形で説明したりする場合に用いる。

(1) John, who had been sick a long time, came in.

（ジョンは長い間病気でしたが，その彼が中に入ってきました）

(2) Westminster Abbey, which is one of the oldest churches in Great Britain, contains the graves of many famous Englishmen.

（ウエストミンスター寺院は英国の中の最も古い教会の1つですが，そこには多くの有名な英国人の墓があります）

　非制限的用法の関係詞節を含む文の解釈は，上の (1)，(2) のような場合には，それぞれ，次の (3)，(4) のように，その関係詞節と残りの部分が接続詞 and で結ばれている等位構造の文の

ように解釈すればよい。

(3)　John came in and he had been sick a long time.

(4)　Westminster Abbey is one of the oldest churches in Great Britain and it contains the graves of many famous Englishmen.

　しかし，場合によっては，関係詞節と残りの部分が意味的に but, because, although などの接続詞で結びつけられているように解釈しなければならないこともある。

(5)　My uncle, who will be seventy tomorrow, is still a keen sportsman.
（私の叔父は明日には70歳にもなろうというのに，今なおはつらつとしたスポーツマンです）

(6)　He was deserted by his Queen, whom he ever served with loyal devotion.
（彼は女王から見捨てられた──常に忠実に献身的に仕えてきたにもかかわらず）

(7)　She got lost on Snowdon, which was enveloped in fog.
（彼女はスノードンの山中で道に迷ってしまった──というのは，山が霧にすっぽりと覆われていたからだ）

　すなわち，このような文においては，文全体の意味内容から判断して，関係詞節の部分を although …（～にもかかわらず）とか because …（～なので）のように解釈することになる。

　次の例のように，関係詞節の後ろにさらに続く主節の部分に

therefore（したがって），thereby（それによって，したがって），still
（それでもなお）のような副詞を用いて，関係詞節と主節の論理的・
意味的関係が明確にされている場合もある。

(8) Norman, who has an I. Q. of 314, thereby solved the
     very difficult problem.

     （ノーマンは知能指数が314もあったので，その非常に難しい
     問題が解けた）

     ［注：I. Q. = Intelligence Quotient「知能指数」］

(9) Wallabies, which make excellent pets, are therefore
     ideal gifts for children.

     （ワラビーはすてきなペットになるので，子供たちへの理想的
     な贈り物となる）

(10) Charles, who had a great deal of money, still robbed
     the Midland Bank.

     （チャールズは大金を持っていたにもかかわらず，ミッドラン
     ド銀行を襲った）

(11) Joe, who was shot in the leg, still ran after the robber
     and caught him.

     （ジョーは脚を撃たれたにもかかわらず，強盗を追っかけて捕
     まえた）

　話し手や文章の書き手による説明や但し書きの働きをする非制
限的関係詞節は，従属節の中に現れることもある。

(12) Kate believes that your uncle, who is dead, is still
     alive. （ケイトはあなたの叔父さん──お亡くなりになっていま

すが──その叔父さんが今でも生きていらっしゃると信じてい
るのです)

(13)　John thinks that the book, which was burned, was not
burned.
(ジョンはその本が──実はその本は焼けてしまったのですが
──焼けなかったと思っているのです)

　次の文は，関係詞節によって表された但し書きが，この文の話
し手 (あるいは書き手) によるものなのか，それとも，この文の
主語 Teddy によるものなのか曖昧なので，2 つの違った解釈が
可能となる。

(14)　Teddy dreamed that his college, which was in Massa-
chusetts, was shut down by radicals. (ambiguous)
(a. テディーは彼の大学が──それはマサチューセッツ州にあっ
たのですが──過激派によって閉鎖されたという夢を見た。
b. テディーはマサチューセッツ州にある彼の大学が過激派に
よって閉鎖されたという夢を見た)

　次に非制限的用法の that について述べる。従来，関係詞節の
非制限的用法は that には見られない用法であるとされてきたが，
現代の文学作品の中では，that を非制限的法として用いる場合
が，特に，先行詞が人間以外の物の場合，次第に増える傾向にあ
る (すなわち，1986 年当時の状況として) ということを Jacob-
sen (1986: 191f.) が下記の例文を挙げて指摘している。

(15)　These things, that had seemed at first to be beyond the
grasp of her imagination, were becoming familiar to

her. (Margaret Drabble, *The Waterfall*, p. 143)

(これらの事柄は，最初のうちは，彼女の想像を超えていて理解できないと思われていたのでしたが，その後次第に彼女にとってなじみのものとなってきたのです)

同じような用法の指摘は，Quirk et al. (1985: 1259, note) においても見られる。

(16)　One of the most important recent developments in neutral hydrogen studies for our Galaxy has been the discovery of high velocities in the center and in regions away from the plane, that I have mentioned.

(銀河系に関する中性水素の研究における最近の最も重要な発展の1つは，中心部領域および軌道平面から離れた領域に見られる高速度現象の発見である――このことはすでに述べたことであるが)

同じような例をさらに3つ挙げておこう（最後の例文（17c）の場合，that の前にコンマを置かない表記法となっているが，意味内容の点から非制限的用法であることがわかる（千葉（2021），§12「非制限的用法の関係詞節とコンマ」参照））。

(17)　a.　…, by imposing an excess of defeat on Germany in 1919, the winners inadvertently stirred resentment among the losers, that led to political extremism and eventually to another war.

(*Time*, 25 Feb. 1991, p. 17)

(1919年に，ドイツに対して過度とも言える程度の敗北を

押し付けたことにより，戦勝国側は，軽率にも，敗戦国の
人たちに恨みを抱かせることとなり，その結果，政治的過
激主義を生むこととなり，ついには，さらなる戦争を引き
起こすこととなったのである）

b. What Chomsky realized early on was that linguis-
tics could now suggest core internal properties of
the language faculty, that in turn posed important
questions for biology.　　　　　　　(Jenkins (2000: 3))

（チョムスキーが早い時期に悟っていたのは，言語学が今や
言語機能の中核的内部特質について示唆することができる
ということであり，その言語機能の中核的内部特質という
ものが，今度は生物学にとっての重要な問題を提起するこ
ととなったのである）

c. Nicholson tried to pry up the manhole cover to get
at the other ducklings. It wouldn't budge. A pass-
ing motorist stopped to see what we were doing.
He joined the rescue team. He retrieved a chain
from his car that worked to dislodge the manhole
cover.　　　　　　　(*The Washington Post*, 14 July 1995)

（ニコルソンはマンホールのふたをこじ開けて，残りの子ガ
モたちを助け出そうとしたのであるが，マンホールのふた
はビクともしなかった。私たちが何をしているのかを確か
めようと，通りがかった1人のドライバーが車を止めて，
子ガモ救出に加わってくれた。彼は自分の車からチェーン
を取り出してきて，それによりマンホールのふたをうまく
動かすことに成功したのである）

　上に述べたように，特に，先行詞が人間以外の物の場合にこの
ような that の用法が許されるということに関しては，安井
(1987: 413ff.) の挙げている，次のような 2 つの例文の持つ文法
性の違いを見ると，よりはっきりと理解できるであろう（日本語
訳も安井 (1987) から）。

(18) a.　The box, that (incidentally) had jewels in, (didn't
　　　　 it?) was stolen.

　　　　 （その箱には，ついでに言うけど，宝石が入っていたんだが
　　　　 ね，それが盗まれたんだ）

　　 b. *The girl, that was (incidentally) tall, (wasn't she?)
　　　　 left the party.

　上で解説したように，現代英語の実際の英語使用例を詳しく観
察すると，非制限的用法としての that の使用も部分的に見いだ
すことができることがわかるのであるが，ただし，この種の用法
については，河野 (2012: 19, fn. 3) の言うように，「どちらかと
言えば例外的であり通常は wh 形を用いなければならない」とい
う慎重な態度が英語学習者には求められるであろう。

Exercises

(a)　He said he did know of one hostage, whom he did not
　　 name, who wouldn't eat.

　　 [注：did「強調の do」。この用法については，§3.4「関係詞節と
　　 同格節」の Exercises の文 (d) 参照]

(b)　The students, who have frankly lost their case, should

give up. ［注：case「訴訟，裁判」］

(c) We thought Sherry a genius, which she appeared to be.

(d) It appalls me that Betty was fired, which I hadn't been expecting. ［注：appall [əpɔ́ːl, əpάːl]（米）/ appal [əpɔ́ːl]（英）「ぎょっとさせる」］

(e) The Puritans wished to dispense with all external things, such as stained-glass windows, which they recognized as hindrances to true worship.

［注：Puritan「清教徒」；dispense with「を不要とする，なしで済ませる」；hindrance「妨げとなるもの，障害」］

3.14. 不定詞の形容詞的用法

A. Who was the first man to walk on the moon?

B. He is a rather boring person to talk to.

C. There was no money to buy even rice.

A. 月の上を歩いた最初の人は誰でしたか。

B. 彼は一緒に話をするにはかなり退屈な人です。

C. 米すら買うお金がありませんでした。

　形容詞的用法の不定詞は，それが修飾する名詞との文法的関係という観点からいくつかの場合に分けることができる。すなわち，その名詞が不定詞の主語に相当する場合（下記例文（1）），目的語に相当する場合（例文（2）），補語に相当する場合（例文（3）），

および前置詞の目的語に相当する場合（例文 (4)）である。

(1) The man to help you is Mr. Johnson.

　　（あなたの手助けをして下さる人はジョンソンさんです）

(2) The man (for you) to see is Mr. Johnson.

　　（（あなたが）会わなければならない人はジョンソンさんです）

(3) The thing (for you) to be these days is a systems analyst.

　　（今日（こんにち），人々が携わるべき仕事は（コンピュータの）システム解析の仕事です）

(4) The place (for you) to stay (at) is the university guest house.

　　（あなたがお泊まりになる場所は，大学のゲスト・ハウスです）

　これらの文法的関係は，それぞれ，次のような関係詞節を含む文の場合と同じである。

(5) The man who can help you is Mr. Johnson.

(6) The man {who/whom} you should see is Mr. Johnson.

(7) The thing that people will try to be these days is a systems analyst.

(8) The place {where/at which} you should stay is the university guest house.

　形容詞的用法の不定詞はまた，関係代名詞と共に用いられることがある。ただし，これは不定詞に修飾される名詞が，(4) のように，不定詞句内の前置詞の目的語に相当する場合に限られる。

(9)　The place at which to stay is the university guest house. (cf. to stay at the place)

(10)　Here is a knife with which to cut salami.
（ここにサラミを切るためのナイフがあります）
(cf. to cut salami with the knife)

(11)　She is not a person on whom to rely.
（彼女は頼るべき人ではありません）
(cf. to rely on the person)

この場合，前置詞は at which, with which, on whom のように常に関係代名詞の前の位置に置かなければならない。すなわち，前置詞が後の位置のままだと非文法的文となる。

(12)　*The place which to stay at is the university guest house.　(cf. (4))

(13)　*Here is a knife which to cut salami with.
cf. Here is a knife (for you) to cut salami with.

(14)　*She is not a person {who/whom} to rely on.
cf. She is not a person (for you) to rely on.

関係代名詞を用いるときには，前置詞の位置にかかわらず，不定詞の主語を「for＋名詞」の形で表すことができない。

(15)　*The place {at which for you to stay/which for you to stay at} is the university guest house.

(16)　*Here is a knife {with which for you to cut salami/which for you to cut salami with}.

(17)　*She is not a person {on whom for you to rely/whom

114

for you to rely on}.

（さらに詳しくは，石居（1985）参照。）

Exercises

(a) The first person to do the job is Susan.

(b) "Because, I mean, it seems such an absolutely impossible thing to have happened."

(c) The president is a hard man to beat in a referendum.

［注：referendum「国民投票」］

(d) Florida is no longer merely a pleasant place to spend the winter.

(e) I bought a razor to shave myself with.

(f) I found an usher for you to buy tickets from.

［注：usher「座席案内係」］

(g) John handed her the tools with which to fix the shelf.

(h) Daisetsu Suzuki saw himself as little more than an instrument in the transmission of Zen to the West, and so those who use his life as a catalyst around which to continue this task pay him the highest tribute.

［注：Daisetsu Suzuki（鈴木大拙（1870-1966））仏教哲学者；little more than「～に過ぎない，～同然」；instrument「道具，媒介者」；transmission「広めること；伝導」；Zen「禅」；the West「西洋，欧米諸国」；catalyst「仲だちとなる物，触媒」；around ...「～を基礎（中心）として」；pay tribute「賞賛する」］

第4章

時制・助動詞表現

4.1. 時を表す条件節

A. We'll go home when the rain stops.

B. I'll come as soon as I've finished writing this letter.

C. Anyone who leaves early tomorrow morning may use our cars.

A. 雨がやんだなら，私たちは家に帰ります。

B. この手紙を書き終えたらすぐに参ります。

C. 明日の朝早く出発する人は誰でも，私たちの車を使ってよろしい。

未来の時あるいは条件を表す副詞節においては，助動詞 will あるいは shall を用いないで，代わりに現在形あるいは現在完了形の動詞を用いるのが普通である。

(1) a. If it <u>rains</u>, the match will be cancelled.

（雨が降れば，その試合は中止されるでしょう）

b. *If it will rain, the match will be cancelled.

(2) a. While I <u>am away</u>, the children will look after the

house.

（私が留守の間は，子供たちが家のことを見てくれるでしょう）

b. *While I will be away, the children will look after the house.

(3) a. If you <u>have finished</u> your work, show it to me.

（もしあなたが仕事を終えたならば，それを私に見せてください）

b. *If you will have finished your work, show it to me.

同じように，次のような文における従属節の中においても，未来のことを表すのに現在形が用いられる。

(4) Next time I'll do as he <u>says</u>.

（今度は彼の言うとおりにします）

(5) The harder you <u>exercise</u>, the better you'll feel.

（もっと一生懸命運動すればするほど，ますます気分がよくなるでしょう）

(6) Any train that <u>arrives</u> on time will be greeted by a marching band.

（定刻どおりに到着する列車はすべて音楽隊による出迎えを受けることでしょう）

最後の例のように，関係詞節が未来の時を表す条件節と同じような意味で用いられることがある。このような場合，現在形が用いられるのは，制限的用法の関係詞節の時だけである。非制限的用法（継続的用法）の関係詞節の場合には，未来形を用いる。

(7)　Please give this letter to the first teacher whom you
　　 <u>see</u> at school tomorrow.
　　 (どうぞ，この手紙を明日あなたが学校で最初に会う先生誰で
　　 もいいですから，その先生に渡してください)

(8)　Please give this letter to Mr. Porter, whom you <u>will</u>
　　 <u>see</u> at school tomorrow.
　　 (どうぞ，この手紙をポーター先生に渡して頂戴。あなたは明
　　 日学校でポーター先生にお会いするでしょうから)

　また，次のような場合にも，未来の時を表す条件節の中に
will が現れる。たとえば，(9) のように，will が主語の意思を表
す場合とか，(10) のように，will が一般的習性についての推測
を表すような場合である (例文 (9)，(10) は Quirk et al. (1985:
1009) より)。

(9)　If you'll <u>help</u> us, we can finish early.
　　 ＝If you would be willing to help us, we can finish
　　 early.
　　 (もしあなたが喜んで助けてくださるなら，私たちは早く仕事
　　 を終えることができます)

(10)　If sugar <u>will dissolve</u> in a hot liquid, this chemical
　　 will do so too.
　　 (もし砂糖が熱い液体の中で溶ける (という特性を持っている)
　　 のだったら，この化学薬品も同じように溶けるはずです)

さらに，次のような例も加えることができるであろう。

(11) a.　If it <u>will satisfy</u> you to know it, May is on her way

here.

（このことを聞くと，君が喜ぶだろうと思って言うのだけれど，メイはまもなくこちらに到着するよ）

b. If you <u>will be</u> going to Paris, why not buy your ticket today?

（パリにいらっしゃるのでしたら，切符を今日のうちにお求めになってはいかがですか）

c. If it <u>will bother</u> you, I won't open the window.

（もしご迷惑になるなら，窓を開けるのはやめますが …）

　例文（11a, b）は，相手に何かを伝えたり，提案したいとき，その前提となる事柄を条件節として表すときの用法であり，(11c) は，相手の気持ちを推し量って，「もしよろしかったら，～いたします」のような丁寧な気持ちが込められた用法である（例文（11a-c）は Cutrer (1994: 320–321) より）。

Exercises

(a) If that letter arrives tomorrow, we're done.

［注：be done「もうだめだ」］

(b) If John has seen the report by then, he'll give you a brief review of it at lunch.

［注：report「報告書，レポート」ただし，学生が授業で提出する「レポート」は a (term) paper, a research paper と言う；review「コメント」］

(c) When the gorilla has learned the skills she needs to survive on her own, she will be released.

[注：release「自然の環境に戻す」]

(d) If you will come early, we will see that you are well paid.

[注：see (to it) that …「～するように取り計らう」]

(e) If you'll wait here, I'll go and get a taxi.

[注：go and … については，§6.2「try and の構文」参照]

(f) Mothers leave home in the morning, feeling guilty because they will not be home when their children return from school.

4.2.　will と be going to

A. The table will collapse if you stand on it.

B. That'll be the postman, I expect.

C. This tree is not going to be cut down.

————————————————

A. そのテーブルの上に乗ると壊れますよ。

B. あれは郵便屋さんでしょう，おそらく。

C. この木は誰にも切らせませんからね。

　助動詞 will と be going to は共に未来時制を表し，同じような場面で用いることもあるが，次のように用法が異なることもある。まず，be going to の基本的な用法の１つに，「これから起こることや，今後の事柄に関して，どのようにするつもりでいる

か，あるいは，どのようにしたいと思っているかを述べる」場合
の用法がある。

(1) When are you going to get married?
(あなたはいつ結婚なさいますか)

(2) Leila is going to lend us her camera.
(リーラは私たちに彼女のカメラを貸してくれるつもりです)

(3) I'm going to have my own way.
(私は自分のやりたいようにするつもりです)

be going to のもう1つの用法として，「現在の状況から判断
して，これからどんなことが起こりそうか，あるいは，どのよう
になると思われるかを述べる」場合の用法がある。

(4) Look at those black clouds—there's going to be a
storm.
(あの黒い雲をご覧なさい。今に嵐が来ますよ)

(5) You're going to get soaked.
(あなたはずぶ濡れになりますよ)

(6) If he comes, there's going to be trouble.
(もし彼がやってくると，やっかいなことになります)

このような場合，be going to を用いた文は，will を用いた文
と比較すると，これから起こる事柄について，かなりの確信を込
めた気持ちで予測していることを表す。

cf.(7) There will be a storm. (嵐になるでしょう)

次に，will は疑問文になった場合に，would と同じように，

相手に何かを頼むときに用いる依頼文としての用法があるが，be going to 場合には，そのような用法はない。

(8)　{Will / Would} you open the window?
　　　（窓を開けてくださいませんか）

(9)　Are you going to open the window?
　　　（窓を開けるつもりですか）

will / would には現在の事柄について，「おそらく～だろう」という推測および推量の気持ちを表す用法があるが，このような場合の will / would は be going to によって置き換えることができない。

(10)　That will be Jane.
　　　（それ／あれはおそらくジェーンでしょう）

(11)　This will be the book you' re looking for.
　　　（これがおそらくあなたの探している本でしょう）

(12)　Henry would be about seventy now, I suppose.
　　　（ヘンリーはおそらく現在70歳くらいでしょう）

be going to の going to の部分は，特に口語体では gonna ([gɔ́(:)nə, góunə, gənə]) のようになることがある（cf. want to ⇨ wanna [wɑ́nə]）。

(13)　The exam's gonna count 50% of your grade.
　　　（試験（の得点）は君たちの成績の50%として計算します）

(14)　"What am I gonna do, Kate?"
　　　（「ねえ，ケート，私はどうしたらいいでしょう」）

(15) "Where's your tobacco?" "I think I left it on the table. Gonna rain tonight."

（「君のたばこはどこ」「テーブルの上に置いたと思うけど。今夜は雨になりそうだな」）

Exercises

(a) If Tom passes the examination, his father is going to buy him a bicycle.

(b) If Tom asks his father to buy him a bicycle his father will probably do so.

(c) I'm going to have a cup of tea.

(d) I'm afraid I'm not going to pass the examination.

(e) I think I'm going to have flu.

(f) Bill is John's father and John is Tom's father. So Bill will be Tom's grandfather.

(g) You stand on the street today and spit, you're gonna hit a college man. (= If you stand on the street and spit, you're gonna hit a college man.)

［注：hit「（矢・弾丸などが）〜に当たる，命中する」］

4.3. 進行形の未来時制用法

> **A.** "Today's dad's birthday, and we're having a party," answered Tim.

B. I'm waiting for my father and mother. They're coming back for tea.

C. "My fellow Austrians, I shall not be seeing you again." (映画 *The Sound of Music* より)

A. 「今日はパパの誕生日なんだ。パーティーをするんだよ。」とティムは答えた。

B. 私は父と母を待っているのです。二人はお茶に戻ってくることになっています。

C. 「我が親愛なるオーストリアの皆さん，再び皆さんにお目に掛かることはないでしょう。」

進行形は (1) のように，今まさに起こりつつある動作・状態を表すときに用いるだけでなく，(2)-(4) のように，比較的近い未来の時点において起こることが決められていたり，予定されているような事柄について述べる場合にも用いることができる。

(1) Don't bother me now because I'm reading a book.
（いま私は本を読んでいるので邪魔しないでください）

(2) Denis is buying me a new coat for my birthday.
（デニスは私の誕生日に新しいコートを買ってくれます）

(3) We're visiting our aunt in hospital tomorrow.
（私たちは明日病院に叔母を見舞いに行きます）

(4) The orchestra is playing a Mozart symphony after this.
（オーケストラはこの後モーツアルトのシンフォニーを演奏します）

(2)–(4) の例において，進行形はいずれもこれから起こること
が期待されている事柄を表す表現として用いられているので，日
本語訳としては，「～することになっている」とか「～するはず
です」あるいは「～するつもりです」のようにしてもよい。

上の例においては，for my birthday, tomorrow, after this の
ような副詞句によって，これらの文が現在起こっていることでは
なくて，これから起こる事柄について述べていることが比較的明
らかである。たとえ，このような副詞句が用いられていない場合
でも，文脈によっては，そのような意味に解釈しなければならな
いことがある。たとえば，次のような文は，単に今現在起こって
いる事柄を表す場合だけでなく，これから起こることが予定され
ている事柄を表す場合にも用いることができる。

(5)　I'm taking Mary out for a meal.
　　（a. 私は今メアリーを食事に外に連れ出すところです。
　　　b. 私はメアリーを食事に外に連れ出すつもりです）

(6)　The Smiths are leaving.
　　（a. スミスさんたちは今出かけるところです。
　　　b. スミスさんたちは出かけることになっています）

このような用法の進行形が過去形で用いられた場合には，「～
することになっていた」あるいは「～するはずであった」のよう
な意味になる（詳しくは，千葉 (2018), Ch. 1 参照）。

(7)　Denis was buying me a new coat for my birthday.
　　（デニスが私の誕生日に新しいコートを買ってくれることに
　　　なっていた）

(8)　I was meeting her next week.

　　（私は来週彼女に会うことになっていた）

(9)　He was coming to the party with his wife.

　　（彼は奥さんと一緒にそのパーティーに来ることになっていた）

Exercises

(a)　I'm coming.

(b)　I'm seeing you tomorrow.

(c)　The match is starting at 2:30 tomorrow.

(d)　The train will be arriving at eight o'clock.

(e)　When will you be moving to your new house?

　　［注：move「引っ越す」］

(f)　I bought it from a friend. He's buying a new car, so he sold me his old one.

(g)　Barbara has passed her first examination, and is taking the final examination next year.

(h)　My aunt was coming to stay with us for a few days.

(i)　Jones was going to be allowed to go out until this happened.

4.4.　進行形にならない動詞

A.　*Are you hearing a strange noise?

　　(cf. Do you hear a strange noise?)

B. *They are belonging to the same club.

(cf. They belong to the same club.)

C. *Are you doubting my word?

(cf. Do you doubt my word?)

A. 奇妙な音が聞こえませんか。

B. 彼らは同じクラブに属しています。

C. あなたは私のことばを疑っているのですか。

通常 cost, desire, know, own, resemble, understand のように状態を表す動詞（stative verbs）あるいは，die, discover, find, notice, reach, understand, win のように，ある状態になる（またはある状態を達成する）ことを表す動詞（achievement verbs）は進行形にすることができない。

(1) *It is costing $5. (cf. It costs $5.)

（それは 5 ドルします）

(2) *I am owning this carpet. (cf. I own this carpet.)

（この絨毯の持ち主は私です）

(3) *He is resembling his father. (cf. He resembles his father.)

（彼は父親似です）

ただし，「次第に〜するようになっていく／なってきた」のように，ある状態が起こっていく過程を特に表す場合には，これらの動詞に対して進行形が可能となる。

(4)　Good food is costing more since devaluation.

（平価切り下げが行われて以来，おいしい食べ物の値段が次第に高くなってきた）

(5)　When the payments are finished he'll be owning his house.

（支払いが済めば，彼は自分の家を持つようになるでしょう）

(6)　He is resembling his father more and more.

（彼はますます父親に似てきた）

　feel, taste, smell のような知覚や感覚を表す動詞は，「感じる」「味がする」のように単に状態としての知覚を表すときは，(7), (8) のように進行形を用いないで表現する。ただし，意識的に「触ってみる」「味わってみる」のような意味を表すときは，(9), (10) のように進行形にすることができる。

(7)　I (can) feel the ground.

（土の感触がする）

(8)　I (can) taste salt in my porridge.

（私のおかゆは塩辛い味がします）

(9)　I'm feeling the ground with my foot.

（私は足で地面を触っているところです）

(10)　I'm tasting the porridge, to see if it contains enough salt.

（塩が十分入っているかどうか調べるために，私は今おかゆの味見をしています）

　すなわち，(7), (8) の場合の主語 I は，「動作主」や「行為者」

として「私は〜する」を表す働きをするのではなく，「私には〜のように思われる／感じられる」のように「経験者」や「受け手」の働きをしていると言える。一方，(9), (10) の場合の主語 I は意図的にある行為をする主体（動作主）を表しているので，「私は〜する」のような日本語で訳すことができる（cf. I have three sisters. (私には 3 人の姉妹がある（いる）／*私は 3 人の姉妹を持っている))。

　知覚や感覚を表す動詞の中でも，see, hear の場合は，意識的に「眺め」たり，「聴い」たりする意味を表すときは，これらの動詞の代わりに別の動詞 look at, listen to を用いてこれを進行形にする。

(11)　A:　What are you doing?

　　　B:　{*I'm seeing / I'm looking at} these photographs.

　　　（A: 何をしているの。B: この写真を眺めているんです）

(12)　A:　What are you doing?

　　　B:　{*I'm hearing / I'm listening to} a new CD.

　　　（B: 新しい CD を聴いているんです）

　状態を表す動詞でも，always, continually, constantly, perpetually（絶え間なく，ひっきりなしに），forever などの副詞と一緒に用いて，「しばしば繰り返されるので困ってしまう／いやだ／いらいらする」のような気持ちを表すときには進行形の形になる。

(13)　She's always distrusting her own judgement.

　　　（彼女はいつも自分自身の判断を疑ってばかりいる）

　　　cf. I {*am distrusting / distrust} that man.

(14)　He was continually foreseeing difficulties that never arose.

　　　（彼はいつも実際には越こりもしないような問題点を予測してばかりいた）

　　　cf. I {*am foreseeing / foresee} no difficulty.

　dead, green, tall などの形容詞は進行形にすることはできないが, funny, kind, noisy などの形容詞は進行形にして,「努めて～しようとする」「意識的に～のように振る舞っている」とか「わざと～のような振りをしている」のような意味を表すことができる。

(15)　*John is being dead / tall.

(16)　*The trees are being green.

(17)　I suppose you think you're being funny?

　　　（君はどうも, そんなんで, うまく道化役が務まっていると思っているようだね）

(18)　She is being kind.

　　　（彼女は, 努めて人に親切にしようとしています）

　同じように, a fool のような名詞句や on one's best behavior のような前置詞句が be 動詞の進行形と共に用いられることもある。

(19)　He's being a fool.

　　　（彼はわざとばかげた振る舞いをしている）

(20)　He is being on his best behavior.

　　　（彼は最上の振る舞い方をしようと努めている）

次のような文の -ing 形の動詞は，進行形ではなく動名詞であるので問題はない。

(21) I disapproved of Howard's <u>owning</u> so much land.
（私はハワードがそんなにたくさんの土地を所有するのを認めるわけにはいかなかった）

(22) I was unaware of Jim's <u>resembling</u> his father so closely.
（ジムが父親にそんなに似ているなんて，私は気がつきませんでした）

a rich man <u>owning</u> a Rolls-Royce（ロールスロイスを所有している金持ち）や a house <u>resembling</u> a barn（納屋に似た家）の場合の -ing 形については，§3.11「関係代名詞＋be 動詞の省略」参照。

なお，中尾（2003: 60-62）の挙げている「進行形」についての解説の中には，次のような説明を見いだすことができる：「AE: Oklahoma ではほとんどの動詞が進行形となる」（p. 61）［注：AE ＝American English］。ただし，これは，英語のいろいろな方言，世界の様々な英語や文体の違いなどを含む英語の用法を幅広く観察することにより見えてくる可能性のある現象に基づくコメントであり，英語学習者としての私たちの場合には，上で解説したような，いわば標準的用法に従った進行形の用い方を身につけるだけで十分であろう。確かに，広い観点からの英語の用法を調べてみると，従来許されなかったような進行形の用法が実際見られるというような言語変化に気がつくこともある。その線に沿った進行形の用法の変化について，さらに詳しくは，Śmiecińska（2002/3），Trotta（2011），Aarts, Close and Wallis（2010），Crystal（2019: 96）参照。

　そのような研究や調査により得られる言語事実の 1 つとして，Trotta (2011: 150) に従って，動詞 know および have を進行形として用いた例（もともと，Jenkins (2009: 26) からの引用）を挙げることができる。次の例文 (23a, b) は，それぞれ，東アフリカ英語 (East African English) およびインド英語 (Indian English) に見られる例である。

(23)　a.　She is knowing her science very well.

　　　b.　Mohan is having two houses.

　また Aarts, Close and Wallis (2010) は，状態を表す動詞 love, wish, want が進行形の形で用いられることが現在しばしば見られるだけでなく，need や know のような動詞の場合にも，今後，進行形の使用頻度が増えて行くであろうとの予測をしている。

Exercises

(a)　I'm seeing my uncle this afternoon.

　　　［注：see = pay a visit to（訪れる）］

(b)　Aunt Mary is minding the children.

　　　［注：mind = look after（世話をする）］

(c)　The doctor was feeling the boy's arm to see whether the bone was broken.

(d)　Grumbling again!　You're for ever finding fault with me!

　　　［注：grumble「ぶつぶつ文句を言う」；find fault with ...「～を非難する，けちをつける」］

(e) John is being obnoxious.

　[注：obnoxious「不愉快な，いやな」]

(f) A: "You're being a bit tactless, old man."

　B: "I do beg your pardon. I'll say no more."

　[注：tactless「融通のきかない，鈍感な」]

(g) "I hope you won't be offended if I say I think you're being a little melodramatic about this."

　[注：be offended「腹をたてる，侮辱される」；melodramatic「メロドラマ的な，おおげさに振る舞う」]

(h) In this country as many as 2,200 people are dying from the coronavirus every day.

　[注：coronavirus [[kəróunəvàɪrəs]] = COVID-19「新型コロナウイルス（感染症）」]

4.5.　could で言い換えられない was able to

A. Tom was able to pass the examination. ≠ Tom could pass the examination.

B. Anne couldn't pass the examination. (ambiguous)

A. トムはその試験に合格することができた。

B. a. アンはその試験に合格することができなかった。

　　 b. アンはどうしてもその試験に合格することができない。

　助動詞 could には「〜することができた」という過去を表す意味があるが，could をこの意味で用いることができない場合がある。たとえば，例文（1）を（2）のように could を用いて言い換えることはできない。

(1)　I ran fast and was able to catch the bus.
　　（私は速く走ったので，バスに間に合った）

(2)　*I ran fast and could catch the bus. (cf. caught the bus)

その理由は，過去時制としての could は was able to とは異なり，「あることを行う能力が備わっていた」，すなわち，「やればできる状態にあった」ということだけを表し，「実際にその行為が行われた」，あるいは，「その行為が（なんとか）うまくできた」という意味までは表さないからである。すなわち，（1）のように，「（速く走った結果）実際にバスに乗るという行為が達成できた」という意味を表す文の中では could を用いることができないことになる。（（2）のような場合，could catch the bus を caught the bus のように過去形の動詞に直しても，（1）と同じような「〜できた」の意味の正しい文章となる。）

　同じようにして，「この春私はその大学の入学試験に合格できた。」という日本語を英語で（3）のように言うことはできるが，could を用いて（4）のように言うことはできない。

(3)　I was able to pass the entrance examination for the university this spring.

(4)　*I could pass the entrance examination for the university this spring.

また，(5) のような文を過去のことを表す文として用いた場合，その表す意味は「私はその湖を見事端から端まで横切って泳ぐことができた。」ではなく，「その湖を端から端まで横切って泳ぐことは，（あのとき）私には可能であった。」となる。

(5)   I could swim all the way across the lake.

((5) のような文はまた，「（今，これから）～しようと思えばできる」というように，現在のことを表す文としても解釈できる。)

次のような文において could を用いることが可能なのは，これらの文がかなり以前の習慣的な行為について，「～することができたものだった」「～しようと思えばできた」の意味を表すからである。

(6)   I could read when I was three years old.
     （私は 3 歳の時に，すでにものを読むことができた）

(7)   I could ran after a bus and catch it twenty years ago, but I can't do that now.
     （私は 20 年前には，バスの後を追いかけて飛び乗ることができたが，今はもうできません）

ただし，次のような場合には，「あることを実際に行うことができた（できなかった）」という意味で could を用いることができる。その 1 つの場合は，hear, see, smell, taste, touch, remember, understand のように，知覚や経験を表す動詞と共に could が用いられる場合である。

(8)   I could hear quite clearly what you were saying.

（私はあなたの話している内容をかなりはっきりと聞き取ることができた）

(9) I could see many stars in the sky last night.
（昨晩は空に沢山の星を見ることができた）

(10) Amber could remember some incidents precisely but was hazy about others.（データベース NOW Corpus より）
（アンバーはいくつかの出来事については正確に思い出すことができたが，あとはぼんやりしていた）

2つ目の場合は，could が could not/couldn't のように否定形として用いられた場合である。

(11) I ran fast but couldn't catch the bus.
（私は速く走ったが，バスに間に合わなかった）

(12) I couldn't give him an answer.
（私は彼の質問に答えることができなかった）

Exercises

(a) As he was not interrupted, he was able to finish by evening.

(b) The chef was an Indian chief. He could prepare most of the popular French recipes.
［注：chef「シェフ，料理長，コック」；chief「（部族の）酋長」；recipe「レシピ，調理法」］

(c) Finally some workers arrived from another part of the country, and were able to harvest the landlord's crops before they were completely destroyed.

(d) He seemed to understand what the black people needed most and what they could do to get it.

(e) In the southern states they couldn't eat in the same restaurants, wash in the same wash rooms, travel in the same seats on trains or busses. Even if they grew rich they couldn't live like other Americans.

4.6. 仮定法現在

A. I require that John not come so often.

B. It is important that she find the answer soon.

C. Jim has instructions that he leave this place within 48 hours.

A. ジョンがそんなにたびたび来ないようにしてもらいたい。

B. 彼女がその答えをすぐに見つけることが重要です。

C. ジムは 48 時間以内に当地を退去するように指令を受けています。

　主語の動詞として demand, desire, insist, maintain, request, require, suggest のように，主張・要求・提案・願望などを表す動詞が用いられている場合，従属節の中の動詞は，通常，動詞の原形が用いられる。

(1) I demand that he <u>resign</u> immediately.
（彼が直ちに辞職することを要求します）

(2) John desires that his wife <u>keep</u> the house cleaner.
（ジョンは妻が家をもっときれいにしておいてくれるようにと
願っている）

このような動詞の原形を「仮定法現在」と呼ぶ。仮定法現在の
代わりに，should＋動詞（の原形）を用いることもある。ただし，
特にアメリカ英語では仮定法現在を用いることが多い。

仮定法現在は主節の動詞が過去形，現在形，未来形のいずれで
あっても同じ形のままで用いられる。

(3) I insisted yesterday that she <u>go</u>.
（彼女が行くことを私は昨日主張しました）

(4) I still insist that she <u>go</u>.
（彼女が行くことを私は今でもなお主張します）

(5) Tomorrow I will insist again that she <u>go</u>.
（彼女が行くことを私は明日再び主張するでしょう）

仮定法現在について特に重要な特徴として，従属節が否定文の
場合に，be 動詞，have 動詞，一般動詞の違いにかかわらず，ふ
つう not を原形動詞の前に置くという性質がある。

(6) I insist that Harry <u>not leave</u> so early.
（ハリーがそんなに早く出発しないように私は要求します）

(7) They demand that Jill <u>not be given</u> special treatment.
（ジルを特別扱いしないように彼らは要求しています）

　この「not＋動詞の原形」の語順は，1940年ないし1950年代以降，特にアメリカ英語において，それ以前に用いられていた語順「動詞の原形＋not」に代わるものとして，次第に広く用いられるようになったものである。詳しくは千葉（2013），§5.8「『not＋仮定法現在動詞』語順はどのようにして生まれたか」参照。

　仮定法現在が従属節に現れる動詞には，ほかに advise, ask, instruct（指図する），order, postulate（仮定する），specify（条件として指定する）などがある。

　動詞のほかに形容詞や名詞の中にも，仮定法現在を取るものがある。

(8) It is necessary that he go to London.
　　（彼がロンドンに行くことが必要です）

(9) I am anxious that Mary be allowed to go.
　　（メアリーが行くことが許されるようにと私は切に願っています）

(10) It was Susan's intention that the man be sick.
　　（その男が病気であってほしいというのがスーザンの意向でした）

(11) The regulation is that no student take a book into the examination room.
　　（その規則によると，学生は試験会場に本を持ち込んではならない）

　仮定法現在を許す形容詞の例としては，ほかに advisable, better, crucial, desirable, essential, imperative, important, inevitable, obligatory, preferable, urgent などがあり，名詞の例として，ほかに assumption, claim, condition, demand, determination, expectation, hypothesis, proposal, recommendation, request, requirement, suggestion などがある。

　上に挙げた動詞，形容詞，名詞は仮定法現在（あるいは should を用いた用法）を常に要求するとは限らず，仮定法現在を用いないで，仮定法現在と同じ内容を表すこともある。ただし，この用法は，主としてイギリス英語において見られる用法である。

(12)　I insist that she gets the money.
　　　（彼女がそのお金を受け取るべきだと私は主張したい）

(13)　I suggest that he sees a specialist immediately.
　　　（彼はすぐに専門医に診てもらったらどうですか）

(14)　It is essential that he comes too.
　　　（彼も来るということがぜひ必要です）

(15)　I'll come on condition that John is invited, too.
　　　（私はジョンも招待されるという条件でなら参りましょう）

　また，insist や suggest のような動詞の場合には，仮定法現在を用いた場合と用いない場合とでは，それぞれ表す意味内容が異なることにも注意が必要である（例文 (16b), (17b) の過去形動詞 was は，時制の一致によるものである）。

(16)　a.　I insisted that he go.
　　　　　（彼がぜひ行くようにと私は要求しました）

　　　b.　I insisted that he was wrong.

（彼は間違ってると私は主張しました）

(17) a. She suggested that Ben start early.

（彼女はベンが早く出発することを提案しました）

b. She suggested that the calculation was incorrect.

（彼女はその計算が誤りであることをほのめかしました）

以上見たように，仮定法現在を許す動詞，形容詞，名詞には，主張・要求・提案・願望などを表すという意味的特徴が見られる。これらの意味的特徴を持った語を仮定法現在の「認可要素 (licensor)」と呼ぶことができる。興味あることには，単独の単語としては，普通は仮定法現在の認可要素となれないような語の場合でも，複数の単語が合成された結果，全体として，仮定法現在の認可要素に匹敵する意味的合成物が構成されるような場合には，次の例文に見るように，仮定法現在を認可する働きを持つことがある（例文 (18)–(20) は千葉 (2013: 31f.) より）。

(18) a. ?John says that the one who wears the ring be offered as a sacrifice.

（その腕輪をはめている者は生け贄とされなければならないとジョンは言うのです）

b. The Beatles are pursued by a mysterious Eastern religious sect because of the ring Ringo Star wears. The law of the religion says that the one who wears the ring be offered as a sacrifice.

（リンゴ・スターがはめている腕輪のために，ビートルズは東欧の神秘的な宗派の信者たちによって追っかけられる羽目となった。というのも，その宗教の教えによると，その

腕輪をはめている者は生け贄とされなければならないということになっているからです)

(19) a. ?The widow <u>wrote</u> that Ball <u>be</u> given part of her property.

　　　(その未亡人は，彼女の財産の一部をボールに与えるべしとしたためた)

　　b. **Ball is arrested for the murder of a rich widow.** The widow <u>wrote in her will</u> that Ball <u>be</u> given part of her property.

　　　［太字体の部分は新聞の見出しであることを表す］

　　　(**金持ちの未亡人殺害のかどでボール逮捕**。その未亡人は，遺書の中で，彼女の財産の一部をボールに与えるように書き残していたのだった)

(20) a. *Bill {brought / will bring} <u>it about</u> that Harry <u>go</u> or <u>be</u> allowed to go.

　　　(ハリーが出掛けたり，あいは，出掛けるのを許されるようなことがビルの計らいにより可能となった／可能となるだろう)

　　b. I {am asking / ordered} Bill <u>to bring it about</u> that Harry <u>go</u> or <u>be</u> allowed to go.

　　　(ハリーが出掛けたり，あるいは，出掛けるのを許されるようなことが可能となるようビルが取り計らうことを私は頼んでいるのです／私は命令した)

(仮定法現在についてさらに詳しくは，千葉 (2013) 参照。)

Exercises

(a) I demand that the students always have finished their assignments when they come to the class.

[注：仮定法現在動詞の場合，actually や always などの副詞は，このように，ふつう have/be の前に置かれるということについては，千葉 (2013)，§1.9「仮定法節内の not の位置」参照]

(b) It is better that John die rather than that a thousand people be killed in the war.

(c) It's a good thing that he recognize his faults.

(d) He insisted that she knew Greek, and she insisted that he did.

(e) The book which Joseph advised be read by all of us is not available at the library. (cf. John advised that the book be read by all of us.)

4.7. 仮定法の中の隠された条件

A. I don't blame her for doing that. I'd have done the same thing.

B. A country that stopped working would quickly be bankrupt.

C. A true friend would have acted differently.

A. 彼女がそうしたからといって，私は彼女をとがめるわ

けにはいきません。だって，私だって同じことをした
でしょうから。

B. もし1つの国家が働くのを止めたとしてご覧なさい。
そんなことをしたら，すぐに破産ですよ。

C. 本当の友人なら，違ったふうに振る舞ったであろう。

　仮定法が用いられるときは，仮定や条件を表す部分が従属節の
形で示されていることが多い。

(1)　You would be ill if you ate too much.
　　（食べ過ぎると，病気になりますよ）

(2)　If I were rich, I would buy you anything you wanted.
　　（もし私が金持ちなら，あなたのほしい物を何でも買ってあげ
　　られるのだが）
　　［注：（見かけ上の）過去形 wanted が用いられているのは，一
　　種の「時制の一致」によるものである。§3.6 Exercises の文
　　(c) および §3.12 Exercises の文 (d) 参照］

　しかし，仮定や条件を表す部分は，常にこのような条件節の形
で示されているわけではない。条件節に相当する意味がほかの表
現に隠されていることがある。

(3)　It would be fascinating to have you with us.
　　（あなたが私たちの所においでくださるなら，どんなにかすば
　　らしいことでしょう）

(4)　You would not have risked very much to have gone
　　in.

（たとえあなたが中に入ったとしても，たいして危険な目には遭わなかったことでしょう）

(5) Any boy who should do that would be laughed at.

（どんな少年でも，そんなことをすれば人に笑われるでしょう）

(6) Without him I should be helpless.

（彼がいなければ，私はおそらくどうすることもできないでしょう）

(7) We should have died but for her.

（彼女がいなかったならば，我々は死んでいたことでしょう）

(8) On the face of it, it would seem very likely that bees are attracted to flowers by their bright colors.

（ミツバチが花に引き寄せられるのは，その鮮やかな色彩によるのだということは，ちょっと見たところでは，大いにあり得ることのように思われるでしょう）

(9) I wouldn't take Latin for all the money in the world. It's a dead language.

（たとえ世界中のお金をやると言われても，ラテン語の授業は受けたくない。だって，ラテン語は死んだ言語だもの）

(10) A year ago I would have thought so, but I don't think so now.

（1年前なら私はそんなふうに考えたでしょうが，今はもうそんな考え方はしません）

(11) Mary would not have spoken to him.

（メアリーだったならば，彼に話しかけるなどということはしなかったでしょう）

(12) A job with Disney would be impressive.

（ディズニーと一緒に仕事ができるとしたならば，感動的なことでしょう）

次の例文のような A, B 二人の対話における B の発話のように，条件節あるいは条件節に相当する部分が省略されて，帰結節の部分だけが表現されることもある。

(13) A: I wanted to have lunch with you.

B: I'd (=I would) be delighted.

（A: あなたと一緒に昼食を食べたいと思うのですが …。

B: もしそうであれば，喜んでご一緒いたします）

［注：この場合の過去形 wanted は，控えめに現在の気持ちを相手に伝える用法。詳しくは，千葉（2018: Ch. 1）参照］

(14) A: Do people really come to you?

B: You'd (=You would) be surprised.

（A: 人が本当に君の所にやってくるのかい。

B: （そうだとも。）大勢やってくるのを見たら，君はきっと驚くだろうね）

Exercises

(a) The captain's order to mount at once and ride for Dr. Livesey would have left my mother alone and unprotected, which was not to be thought of.

［注：mount「馬に乗る」; ride for …「～を呼びに馬で行く」; Livesey [lívsi, -zi]; unprotected「保護されていない」］

(b) We must refer the reader to the paper, since it would take

146

too much space to summarize the entire discussion.

[注：the reader「読者（の皆さん）」；refer A to B「A に B を参照させる」；paper「論文」]

(c) Her home had been ruined by her elder brother and she knew that no serious man would want to marry a woman who had been the wife of a strolling player.

[注：strolling player「旅役者」]

(d) "Can't you at least give us some hints as to what figures go on what lines?" "That would be cheating," he said.

[注：figure「数字，図形」；go「置かれる，収まる，はまる」]

(e) I would never have dreamed of intruding upon you without serious reason.

(f) Now imagine there's a quarrel between her and me. How would you settle it?

(g) If this statement seems very surprising, a quick look around would show many ways that it is true.

(h) "In Japan in the 50s and 60s, when the bulk of the Japanese manuscripts were acquired, few people had the money to purchase rare books and many of the priceless items that would be national treasures today were bought very cheaply," Murase explained.

[注：the 50s / 60s「1950 / 1960 年代」；the bulk of ...「～の大部分／大半」；manuscript「写本」；rare book「稀覯本」；priceless「たいへん貴重な」；national treasure「国宝」]

第5章

不定詞・従属節を含む文

5.1. can't seem to の構文

A. I can't seem to solve this problem.

B. He can't seem to give up his bad habits.

A. 私にはこの問題は解けそうにありません。

B. 彼はどうしても悪い癖が抜けないようだ。

---

(1) および (2) の文の意味を考えると，(3) のような文は，「ジョンが非常に速く走れるなどとは，どうしても見えない」のように解釈できるように思われるかも知れない。

(1) John doesn't seem to be running very fast.
   (ジョンは非常に速く走っているようには見えない)

(2) John can't try to run very fast.
   (ジョンはどうしても非常に速く走れるようにやってみる気になれない)

(3) John can't seem to run very fast.

しかし，実際には，(3) の文は「ジョンは非常に速くは走れな

いように見える。」のように解釈するのが正しい。すなわち，「can't seem to＋動詞」を含む文においては，can't によって否定されるのは動詞 seem ではなく，その後ろに続く不定詞の部分である。つまり，seem は can't によって修飾された不定詞をさらに意味的に修飾することになる。したがって，(3) の文は (4) ではなく (5) のように書き換えられることになる。

(4)　It isn't possible for John to seem to run very fast.

(5)　It seems that John can't run very fast.

　また，can't seem to の構文は do not seem able to, seem not to be able to, seem (to be) unable to などによっても書き換えることができる。

　seem の後ろに続く動詞は通常 hear, imply, know, think のように状態を表す動詞に限られるので，次のような文は非文法的文となる。

(6)　*Henry seems to run.

(7)　*Ruth seems to read the book.

　ただし，run や read など，状態を表さない動詞の場合でも，これを進行形や完了形あるいは can't seem to の構文にすれば正しい文となる。

(8)　He seems to be running.
　　　（彼は走っているようだ）

(9)　Ruth seems to have read the book.
　　　（ルースはその本を読んだことがあるようだ）

(10)　They can't seem to run.

　　　　（彼らは走ることができないようだ）

can't seem to の構文は，動詞 seem に独特のものなので，た
とえ seem と意味がよく似ているとは言え，appear のような動
詞の場合は，同じように用いることはできない。

(11)　John can't appear to run very fast.

　　　　（どう見ても，ジョンは非常に速く走れるようには思えない）

　　　　≠ It appears that John can't run very fast.

（can't seem to の構文についての上記解説は，Langendoen
(1970) に基づいている。）

Exercises

(a)　Children cannot seem to formulate a question in response to that instruction.

(b)　Abe can't seem to afford paying the rent.

(c)　Tom couldn't seem to tell the difference between right and left.

(d)　Susan can't seem to help falling asleep.

(e)　A: "Now I want you to relax."

　　　B: "I can't seem to."

5.2. 不定詞の意味上の主語

A. I asked to meet Mary.

B. She said to come before ten.

C. "Boy," she demanded to know, "what's your name?"

A. メアリーに会わせてくれと私は頼んだ。

B. 10時前に来るようにと彼女は言った。

C. 「坊や，君の名前はなんて言うの。」彼女はぜひ知りたいという調子で聞いた。

一般的に「動詞＋目的語＋不定詞」の構文においては，その目的語が不定詞の意味上の主語の働きをする。たとえば，

  (1) I ordered John to go.

     （私はジョンに行くように命令した）

において，John は動詞 ordered の目的語であると同時に，不定詞 to go の意味上の主語でもある。

order と同じように用いることのできる動詞として，ほかに次のようなものがある（(2)–(7) の例文を参照）。

> allow, cause, challenge, command, compel, direct, disallow, enable, encourage, force, help, instruct, invite, lead, let, make, oblige, permit, persuade, require, request, tempt, trust, urge, warn, etc.

(2) Please allow me to go.

　　（どうぞ私に行かせてください）

(3) Endurance enabled them to win the game.

　　（忍耐のおかげで，彼らはその試合に勝つことができた）

(4) We encouraged Anne to try it again.

　　（私たちはそれをもう一度やってみるようにアンを励ました）

(5) They forced me to do it.

　　（彼らは私にそれを無理にやらせた）

(6) What makes you think so?

　　（なぜそのように考えるのですか）

(7) You may trust her to do the work well.

　　（彼女ならその仕事をうまくやってくれるものと，君はあてに
　　してよい）

　ただし，これらの動詞と同じような意味を表すように見える動詞 demand の場合には，このような不定詞の用法は許されず，代わりに，仮定法現在動詞（⇨ §4.6「仮定法現在」）あるいは助動詞 should を用いた that 節を用いなければならないので，注意が必要である。

(8) a. *They demanded her to do it.

　　b. They demanded that she（should）do it.

　なお，動詞 promise のように，その目的語ではなく主語が不定詞の意味上の主語となるような例外的場合もある。

(9) I promised John to go.

　　（私は「行きます」とジョンに約束した）

ただし，英語母語話者の中には，このような文を正しい表現とは
認めないで，代わりに，(10) のような言い方をしなければならな
いというような反応をする人たちもかなりいるので，注意が必要
である（高見 (1998)，鷹家・林 (2004: 140-141)，久野・高見 (2017:
223ff.)，『ジーニアス英和辞典』第 5 版 s.v. *promise* 参照）。

(10)　I promised John (that) I'd [= I would] go.

ask, beg などの動詞は上の (1)–(7) のような用法と (9) のよ
うな用法のどちらの働きも兼ねることができるので，意味が曖昧
になることがある。

(11)　John asked Bill to go.　(ambiguous)
　　　（a. ジョンはビルに行くように頼んだ［不定詞の主語は Bill］
　　　　b. ジョンは行ってよいという許可をくれるようにビルに頼ん
　　　　　だ［不定詞の主語は John]）

ask, beg などの動詞が目的語を取らず，直接後ろに不定詞が
続く場合は，不定詞の意味上の主語は常にそれらの動詞の主語と
一致する。たとえば，

(12)　John asked / begged to go.
　　　（ジョンは自分に行かせてくれるように（{誰かに／その人に}）
　　　頼んだ）
　　　= John asked / begged for permission to go.

のような文の意味は，「ジョンは（{誰かに／その人に}）行くよ
うに頼んだ。」とはならない（上で取り上げた動詞 demand の場
合にも，この種の用法が許される（例文 C 参照））。

　ただし，say，shout のような動詞は，目的語が表されていなくても，「人に〜するように｛言い付ける／どなる｝」という意味で用いることができる。

(13)　I｛said／shouted｝(to them) to respect their peers.
　　　（私は彼らの同僚を尊敬するように（彼らに）｛言い付けた／どなった｝）

　このように，ask，beg，say などの動詞は目的語無しの不定詞の用法が可能であるが，ただし，force（人に無理矢理〜させる），implore（〜するよう人に懇願する），order（人に命じて〜させる）などの動詞は常に目的語を必要とするので，次のような文は許されない。

(14)　*I｛forced／implored／ordered｝to go.

　以上，不定詞の意味上の主語が何か・誰かということに関し，動詞によっていくつかの異なったグループに分かれることがわかる。いずれも基本的で重要な動詞の用法に関することで，また，紛らわしい点もあるので，頭の中に整理した形でしっかりとまとめておきたい。

Exercises

(a)　The captain commanded his men to attack.
　　　［注：men「部下」］

(b)　No child of school age was permitted to be employed in factories.

(c) Students are required to take this course.

　　　［注：course「授業，科目」］

(d) John asked the teacher to leave early.　(ambiguous)

(e) John asked the teacher to be allowed to leave early.

(f) The 16-year-old son of a Russian diplomat denied that he wrote the President begging to stay in the United States.

(g) I demand to know the truth!

(h) It says on the bottle to take a spoonful every 4 hours.

　　　［注：a spoonful「スプーン一杯分」］

5.3. easy＋不定詞の構文（tough 構文）

A. Karate would be good for Mary to learn.

B. John is difficult to give criticism to.

C. *Betty would be possible to do it alone.

A. メアリーが空手を習うのはよいことでしょう。

B. ジョンは批判するのが難しい人です。

C. ベティーならば，それを一人ですることが可能でしょう。

---

　(1) のような文は表面上 (2) のような文とよく似ているが，両者は異なる構文よりできている。

　(1) John is easy to please.

　　　（ジョンを喜ばせるのはたやすいことだ）

(2)　John is eager to please.

　　（ジョンは人を喜ばせることに躍起となっている）

　まず，(1) のような文は，(3) のような文で言い換えることができるが，(2) のような文については，それが不可能である。

(3)　It is easy to please John.

(4)　*It is eager to please John.

　次に，(1) のような文においては，不定詞の後に (5) のように，for us のような前置詞句を補うことができるが，(2) のような文については，それができない。

(5)　John is easy to please for us.

　　（私たちにとって，ジョンを喜ばせるのはたやすい）

(6)　*John is eager to please for us.

　さらに，(1) のような文の場合は，たとえ不定詞が他動詞であっても，その目的語を後に補うことができないが，(2) のような文の場合は，それが可能である。

(7)　*John is easy to please them.

(8)　John is eager to please them.

　easy と eager のこのような違いは，次のようなことを示している。すなわち，(1) においては，John は不定詞 to please の意味上の主語ではなく目的語である。一方，(2) においては，John は to please の意味上の主語であり，その目的語は不定の人 someone である。つまり，(1) のような文は，(3) のような文

の不定詞の目的語を文頭の主語 it の位置に移動させることにより得られる文である。すなわち，次のような変化が起こることになる（t は John が移動する前の位置の痕跡 (trace) を示す記号）。

It is easy (for us) to please John.

⇨ John is easy (for us) to please *t*.

ただし，主語の it の位置に移動させることができるのは，不定詞（あるいは前置詞 (e.g. (17)）)の目的語だけであり，不定詞の主語を移動することはできない。たとえば，(9) のような文において，不定詞の主語 Mary を it の位置に移動させて (10) のようにすることはできない。

(9)　It is easy for Mary to please John.

(10)　*Mary is easy to please John.

同じように，(11) を (12) のように言い換えることはできない。

(11)　It is easy for wooden houses to catch fire.

（木造家屋は火が付きやすい）

(12)　*Wooden houses are easy to catch fire.

(13) に対応する (14) のような文が非文法的文となるのも，同じような理由による。

(13)　It is not easy for Japanese students to learn English.

（日本人学生が英語を学ぶのは容易ではない）

(14)　*Japanese students are not easy to learn English.

(cf. 例文 C, (12)）

正しい文は，(15) のように，不定詞の目的語を移動すること
により得られる文である。

(15)　English is not easy for Japanese students to learn.

以上のような特徴の見られる例文 (1)，(5)，(15) に現れる構
文のことを「tough 構文」と呼ぶことがある (ただし，例文 (3)，
(9) のように，形式主語 it で始まる方の文は，tough 構文とは
呼ばない)。tough 構文に用いることのできる形容詞としては，
easy のほかに次のようなものがある (例文 (16)–(19) 参照)。

amusing, beneficial, boring, dangerous, difficult, excit-
ing, fascinating, good, hard, impossible, painful, pleas-
ant, simple, thrilling, tough, (un)interesting, etc.

(16)　A patient with a broken arm is hard to dress.
　　　(腕を骨折した患者に服を着せるのは難しい)
　　　cf. It is hard to dress a patient with a broken arm.

(17)　This room is pleasant to work in.
　　　(この部屋で仕事をするのは楽しい)
　　　cf. It is pleasant to work in this room.

(18)　This problem is simple for me to solve.
　　　(この問題を解くのは私には易しい)
　　　cf. It is simple for me to solve this problem.

(19)　This concept is tough for students to grasp.
　　　(この概念を把握するのは学生には困難だ)
　　　cf. It is tough for students to grasp this concept.

特に注意しなければならないのは，形容詞 impossible が tough 構文として用いることができるのに対して，possible の方はそれができないということである。

(20) It is {impossible / possible} for you to do that.

(21) That is {impossible / *possible} for you to do.

cf.(22) *You are {impossible / possible} to do that.

名詞の中にも，easy と同じような用い方をするものがある。

(23) The London taxi is a joy to ride in.

（ロンドンのタクシーは乗って楽しい）

cf. It is a joy to ride in the London taxi.

(24) This house is a breeze to clean.

（この家を掃除することなんか朝飯前だ）

cf. It is a breeze to clean this house.

(25) Such a program is a waste of time for you to watch.

（そんな番組を見るのは時間の浪費です）

cf. It is a waste of time for you to watch such a program.

(26) One million dollars would be no problem to raise for Watergate burglars.

（ウォーターゲート事件の詐欺師たちにとって，100万ドルのお金を調達するくらい何でもないことだろう）

cf. It would be no problem for Watergate burglars to raise one million dollars.

同じことがいくつかの動詞についても言える。

(27)　The book doesn't require specialized knowledge to read.

（その本を読むのに，専門的知識は必要としない）

cf. It doesn't require specialized knowledge to read the book.

(28)　This report takes two hours to prepare.

（この報告書を作成するのに 2 時間かかる）

cf. It takes two hours to prepare this report.

(29)　This room costs a fortune to rent.

（この部屋を借りると大金がかかる）

cf. It costs a fortune to rent this room.

(30)　That tears your heart out to watch.

（それを見ると心が痛みます）

cf. It tears your heart out to watch that.

（tough 構文についての詳しい解説については，千葉（2019a）参照。）

Exercises

(a)　This river is dangerous to bathe in.

(b)　The story of her sufferings was painful to listen to.

(c)　The story of his adventures was exciting to listen to.

(d)　A man who is hard to argue with wrote this paper.

(e)　Am I that easy to forget? （カントリーソングのタイトル）

(f)　What I find difficult to accept is that other published

analyses escape such difficulties altogether.

[注：escape「免れる，うまく避ける」]

(g) That book will be impossible for you to convince the class to try to finish before Monday.

[注：主語 that book が，（深くはめ込まれた）3 番目の不定詞 to finish の目的語になっていることに注意]

(h) Her nightgown has to be special, because a comatose patient is difficult to dress.

[注：nightgown「ネグリジェ」；comatose「昏睡状態の」]

5.4. 形容詞 pretty＋不定詞

A. This trunk is light to carry.

B. The cherries are not ripe enough to eat.

A. このトランクは持ち運ぶのに軽い。

B. そのサクランボは食べるのにはまだ十分熟していない。

---

melodious, pretty, tasty のような形容詞は，その後に不定詞を従えることができる。

(1) The music is melodious to listen to.

（その音楽の旋律は（聴いていて）美しい）

(2) Mary is pretty to look at.

（メアリーは（見ていて）かわいい）

(3) Frogs' legs are tasty to eat.

（蛙の脚は（食べて）おいしい）

　これらの不定詞は melodious, pretty, tasty などの形容詞の表す意味を限定して，どういう点に関して melodious, pretty, tasty なのかを説明する働きをしている。これらの文の持つ特徴は，形容詞の主語が同時に不定詞（あるいはその後ろに続く前置詞）の目的語の役目をも兼ねているということである。すなわち，不定詞の部分は，不定詞あるいは前置詞の目的語として，それぞれ, the music, Mary, frogs' legs を補って, to listen to the music, to look at Mary, to eat frogs' legs のように解釈することになる。

　これはちょうど，§5.3「easy + 不定詞の構文」で取り上げた(4) のような文の意味を理解するときに，文全体の主語になっている John を不定詞の目的語として補って，(5) のような文として解釈しなければならないのと同じである。

(4)　John is easy to please.
　　　（ジョンを喜ばせるのは易しい）

(5)　It is easy to please John.

　ただし，easy などの tough 構文の場合と違って，melodious, pretty, tasty などの形容詞からなる文は形式主語の it で始まる文に書き換えることができない。

(6)　*It is melodious to listen to the music.

(7)　*It is pretty to look at Mary.

(8)　*It is tasty to eat frogs' legs.

melodious, pretty, tasty の次に続く不定詞が, それぞれ, to listen to, to look at, to eat などの場合には, 次の例のように, 不定詞の部分が欠けている文とほとんど同じ意味になる。

(9) The music is melodious.

(10) Mary is pretty.

(11) Frogs' leggs are tasty.

(1)–(3) のような構文に現れる形容詞としては, ほかに beautiful, delicious, fragrant, graceful, heavy, hot, light, ripe, slippery, sour, sweet, ugly, worthy などがある。

この構文と tough 構文との微妙な違いに注意して, 両者を混同しないように気をつけよう。

Exercises

(a) The bag is too heavy to carry.

(b) This flower is fragrant to smell.

(c) This floor is slippery to dance on.

(d) That food is delicious to eat.

(e) Mary is graceful to dance with.

5.5. 形容詞＋前置詞句, 形容詞＋that 節

A. Carol was afraid of the fact.

B. Carol was afraid that she would be turned down.

C. Carol was afraid of being turned down.

A. キャロルはその事実を恐れていた。

B., C. キャロルは断られるのではないかと恐れていた。

形容詞の後に補語として名詞句が続くときは，それぞれの形容詞に応じて適当な前置詞を必要とする。

(1) *I am certain Dick's loyalty.

(2) I am certain of Dick's loyalty.

（私はディックが誠実であることを確信しています）

(3) *He is disturbed Dick's loyalty.

(4) He is disturbed at Dick's loyalty.

（彼はディックが誠実であるかどうか不安を抱いています）

ただし，Dick's loyalty のような名詞句の代わりに，that Dick is loyal のような that 節を用いるときには，前置詞は現れない（⇨ §3.7「先行詞＋関係詞節＝平叙文」）。

(5) *I am certain of that Dick is loyal.

(6) I am certain that Dick is loyal.

(7) *He is disturbed at that Dick is loyal.

(8) He is disturbed that Dick is loyal.

that 節の代わりに，Dick's being loyal のような動名詞を用いるときには，Dick's loyalty のような名詞句の場合と同じように，前置詞が必要となる。

(9) *I am certain dick's being loyal.

(10) I am certain of Dick's being loyal.

(11) *He is disturbed Dick's being loyal.

(12) He is disturbed at Dick's being loyal.

このように，that 節は一般的に前置詞の目的語として用いることができないので，代わりに動名詞を用いることになる。このことは，形容詞の場合だけでなく，talk about, depend on, be annoyed by などのように，前置詞と一緒に用いる動詞の場合にも当てはまる。

(13) *We talked about that he had worked at the White House.

(14) We talked about his having worked at the White House.

(私たちは彼がホワイトハウスで働いたことがあるということについて話し合った)

(15) *You can depend on that he will be on time.

(16) You can depend on his being on time.

(あなたは彼が時間に遅れないということを当てにしてよい)

(17) *Pat was annoyed by that their parents did nothing to stop it.

(18) Pat was annoyed by their parents having done nothing to stop it.

(パットは彼らの両親がそれを止めさせるための処置を何も講じなかったのでいらだった)

したがって，前置詞の後ろに動名詞が続くときには，動名詞の部分とその主語の名詞句を合わせたもの全体がその前置詞の目的語として解釈されることになる。たとえば，上の例文（18）において，前置詞 by の目的語は their parents ではなく，their parents having done nothing to stop it 全体である。同じように，次の文においては，下線部全体が前置詞 upon および of の目的語となっている（⇨§2.3「動名詞の主語」）。

(19)　We calculated upon many people attending the party.

（私たちはそのパーティーに多くの人が出席するものと予測していた）

(20)　The recent major international survey asked participants to rate the chances of a world war breaking out during the next 10 years.

（最近行われたその主要な国際的世論調査では，今後10年の間に世界戦争が勃発する可能性がどのくらいあると思うかという質問を対象者に行った）

Exercises

(a)　He was delighted that he passed.

(b)　I convinced him of his being able to do it.

(c)　I'm looking forward to Mary's coming.

［注：look forward to ...「～を楽しみに待つ」to は前置詞なので，... の部分には，動詞（不定詞）ではなく，動名詞など名詞的表現を置く。なお，I'm looking の部分は，進行形以外に，I look のよ

うにすることもある]

(d) I am sure that the reason for this trade-name being such a favorite with English housewives is that it has a suitable sound. [注：trade-name「商品名」]

(e) He was afraid that any answer might lead to him being charged for the offense.

[注：be charged「告訴される，罪に問われる」; offense（イギリス英語では offence）「法律違反」（殺人罪や窃盗罪のように，具体的な犯罪内容を表すときは，be charged with {a murder / stealing the money} のように，前置詞 with を用いる）]

(f) Gandhi said that it is an organization where all decisions are taken by consensus, by concord, by everybody being heard equally.

[注：take decision（アメリカ英語では make decision）「決定する」; consensus「合意」; concord「意見の一致」]

5.6. 結果を表す不定詞

A. They parted never to see each other again.

B. He glanced up to see the door slowly opening,

A. 彼らは別れて後，お互いに再び会うことはなかった。

B. 彼がひょいと見上げると，戸がゆっくりと開くのが見えた。

不定詞の用法の中には結果を表す用法がある。

(1)　Will they live to be hundred?
　　　（彼らは100歳まで生きるでしょうか）

(2)　He disappeared, never to be seen again.
　　　（彼は姿を消したが，その後再び現れることはなかった）

(3)　She waked to find all this a dream.
　　　（彼女が目を覚ましてみると，このことはすべて夢だった）

(4)　Nothing could be worse than fighting a long campaign
　　　in a war only to find that at the end of the battle, the
　　　very reason for fighting no longer exists.
　　　（戦争の中で長期にわたる作戦行動を展開した挙げ句，戦いが終
　　　わった後になって，その戦争を始めたときの理由そのものがもは
　　　や存在しないことを知ったときほど馬鹿げたことはないであろう）

　場合によっては，不定詞が結果を表すか，目的を表すか，曖昧
になることがある。

(5)　Lisa was born in L. A. but she moved at age 15 to
　　　New York to become an actress.　(ambiguous)
　　　（a. リーサはロスアンゼルス生まれだが，15の時にニューヨー
　　　　クに移り女優になった。
　　　　b. リーサはロスアンゼルスに生まれたが，女優になるために，
　　　　　15の時にニューヨークに移った）

　また場合によっては，不定詞に先立つ主節の部分が同じでも，
その不定詞の部分の表す意味内容の違いに応じて結果を表すか目
的を表すかが決まってくることもある。たとえば，(6)，(7) の

ような例文において，不定詞は，それぞれ，結果および目的を表す用法として用いられている。

(6) Mary drove all the way to Maine, (only) to find that her friends had moved to Florida.

（メアリーははるばるとメーン州まで車で出掛けて行ったが，(何と）友達はすでにフロリダ州に引っ越してしまっていたのだった）

(7) Mary drove all the way to Maine, (only) to visit some friends.

（メアリーははるばるメーン州まで車で出掛けて行ったが，それは（ひとえに）友達に会いに行くためであった）

Exercises

(a) One evening a thief visited the hut only to discover there was nothing in it to steal.

(b) He refilled the glass to the top and turned around to see his mother standing in front of him.

(c) Far out in the blue Pacific, a volcanic mountain range rises from the ocean floor to form the group islands called Hawaii.

(d) In time, with the help of his young son, Icarus, Daedalus managed to escape from the tower, only to find himself a prisoner on the island of Crete.

［注：Icarus [íkərəs] イカロス；Daedalus [dédələs] ダイダロス；

manage to ...「どうにか〜する（のに成功する）」；Crete [kri:t] ク
レタ島］

(e) Portugal's superstar marathon runner Rosa Mota overtook the nine runners ahead of her during her 10-kilometer second leg to contribute in a big way to her country's victory in the 1987 International Women's Ekiden.

［注：leg「1区切り，1区間」；in a big way「大いに」］

(f) Jeff studies magic for many years at a school for wizards, only to bring an evil shadow into the world when he uses his power wrongly.

［注：wizard「（男の）魔法使い」（cf. witch）；evil shadow「愁い
／不幸のもと」］

(g) Yokozuna Chiyonofuji lifted Ozeki Hokutenyu high in the air before depositing him outside the ring to maintain his lead on the 12th day of the New Year Grand Sumo Tournament.

［注：deposit「置く，下ろす，釣り出す」；maintain「維持する，続
ける」；the New Year Grand Sumo Tournament「大相撲初場所」］

5.7.　否定文における because 節の解釈

A. Carol didn't leave the party early because James was there.　(ambiguous)

B. Carol didn't leave the party, because I checked.

A. a. キャロルはパーティーの会場を早めに退出しません
でした。というのも，そこにジェームズがいたから
です。

b. キャロルはパーティーの会場を早めに退出しました
が，その理由は，ジェームズがそこにいたからでは
ありませんでした。

B. キャロルはパーティーの会場を早めに退出しませんで
した。だって，私は自分で確かめてみたので知ってい
るのです。

平叙文は，たとえ単文であっても，意味の上からは I say (to you) (that) … のような内容の主節に続く従属節であると考える
ことができる。たとえば，

(1) It's fine today.

(2) You're mistaken.

のような文は，意味の上からは，次のような複文における主節部
分 I say (to you) (that) が隠されているものと解釈できる。

(3) (I say (to you) (that)) it's fine today.

(4) (I say (to you) (that)) you're mistaken.

この「隠された主節」は普通は特別問題にしなくてもよいが，
時には，この部分の存在を意識的に考えることによって初めて正
しく文の意味が理解できることがある。たとえば，次の2つの
文を比べてみよう。

(5)　Jenny isn't here, for she is very busy today.

（ジェニーはここにいません。だって，彼女は今日はとても忙しいのです）

(6)　Jenny isn't here, for I don't see her.

（ジェニーはここにいません。だって，彼女の姿が見えないのです）

　(5) においては，従属節は意味的に主節を直接修飾していると言えるが，(6) においては，そうは言えない，すなわち，(6) の場合は，従属節の部分が表そうとしているのは「ジェニーがここにいないこと」に対する理由付けではなく，「ジェニーがここにいないことをどうして私が知っているのか」あるいは「どうしてそう言うのか，または言えるのか」ということに対する理由付けである。つまり，この場合，従属節が意味的に修飾しているのは「隠された主節」の I say (to you) の部分である。

　同じことが次の2つの文についても当てはまる。

(7)　He'll take his umbrella in case it rains.

（雨が降るといけないので，彼は傘を持って行くでしょう）

(8)　He'll take his umbrella, in case you're wondering.

（彼は傘を持って行くだろうか，どうだろうかと，あなたがご心配なのではないかと思って申し上げますが，彼は傘を持って行くでしょう）

　すなわち，(7) の従属節は意味的に He'll take his umbrella の部分を修飾しているのに対し，(8) の従属節は「隠された主節」I say (to you) を修飾していることになる。

　このような「隠された主節」の存在を考えることによって，次のような文が3つの異なる意味に解釈できるということもまた説明できることになる。

(9)　He doesn't beat his wife because I talked to her.

　　(a.（私が彼の奥さんに話しかけない限り，彼は奥さんを殴るのを止めないと言っていたが）（先日）私が彼女に話かけたので，彼は（これからはもう）奥さんを殴りません。

　　b. 彼が妻を殴るのは，私が彼女に話かけたからではなく，別の理由によるものです。

　　c. 彼は妻を殴らないということをどうして私が言えるのかというと，それは，私が彼女に話してみてわかったからです。)

　　[ただし，(c) の意味になるときには，because 節の前にふつうコンマを置く]

　(9) の文は (a)，(b)，(c) の意味の違いに応じて，それぞれ (10a, b, c) のように言い換えることができる。

(10) a.　It is because I talked to her that he doesn't beat his wife.

　　b.　It is not because I talked to her that he beats his wife.

　　c.　It is because I talked to her that I can say that he doesn't beat his wife.

　次のような文は，全体として疑問文の形をしていて，理由を表す because 節が従属節として主節の部分を修飾する，ごく普通の文のように見えるかもしれない。

(11)　Is he coming to class, because I thought he was sick?

　ただし，この because 節が意味的に修飾しているのは，厳密にどの部分であるかを考えてみると，面白いことに気がつくはずである。まず，because 節が coming to class の部分を意味的に修飾すると捉えるには無理がある，ということはすぐにわかるであろう。それでは，主節である is he coming to class 全体を修飾しているのか，と問われると，そうであるようにも思える一方，そうではないようにも思えて，なんだかすっきりしない部分が残るような気持ちになるのではないだろうか。そこで，助け舟として登場するのが，上で解説した「隠された主節」のアイデアである。ただし，(11) の文は，主節が疑問文となっているので，この場合の隠された主節は，I say to you ではなく，I ask you であると考えられる。すなわち，この文の意味は「彼は授業に出席するでしょうか。何でこんな質問をするかというと，私は彼が病気だと思ったからです」であり，because 節は「なんで私がそのような質問をするのか」という理由を説明していることになる。つまり，because 節が直接修飾しているのは，隠された主節としての I ask you の部分であるというのが，納得のいく答えであると言える。

　(11) の例文については，もう1つ別の現象が見られるので，ついでに触れておきたい。それは，この文には疑問文として，文の最後にクエスチョンマークがついているという，一見したところ当たり前のように思えるかもしれない事実についてである。実は，このような文の場合，人によっては，クエスチョンマークの代わりにピリオドを用いることがあるという事実を指摘すること

ができる。それは，次のような事情による。すなわち，文全体としては疑問文の形になっているので，それを示すために，記号？を用いることが考えられるが，一方では，その記号の直前の be-cause 節の部分は，意味内容の上からは疑問文の一部ではなく，隠された主節 (I ask you) を修飾するようにも思われるので，このような場合，人によっては，？を用いるべきかピリオドを用いるべきかで迷うことがあるからである。気持ちとしては，もし許されるなら，次のように書き表したいように思えるのではないだろうか。Is he coming to class? (,) because I thought he was sick.

　同じように，Would you come with me? のような依頼を表す疑問文の場合も，形式上は疑問文の形をしているが，意味内容の上では依頼文の 1 つ (cf. Please come with me.) なので，文の最後に置く記号をクエスチョンマークにすべきか，ピリオドにすべきかで判断が分かれることがある。このことを反映してか，実際に用いられている（というより，むしろ書かれている）文を広く観察してみると，両方の用法を見いだすことができることがわかる。

　ここで本題に戻って，次のような文を考えてみると，ここにおいても，従属節は隠された主節を修飾していると言えることがわかるであろう。例文 (13) は，上記例文 (11) と同じように疑問文なので，ここでの隠された主節は I ask you のようなものとなることに注意。同じように，例文 (15) は命令文であるので，隠された主節は I order you のようなものを考えることになるであろう。

(12) Before you say anything, you have the right to be si-
lent.

（あなたが何か言う前に言っておきますが，あなたには黙秘権
があるのですよ）

(13) If you're so clever, what's the answer?

（君がそんなに賢いなら聞くけどね，その答えはどうなるの）

(14) Before you leave, where can I reach you?

（お出かけになる前にお尋ねしておきたいのですが，あなたと
の連絡はどこにしたらよいのでしょうか）

［注：「隠れた主節」は "I ask you"］

(15) For the final time, go to bed!

（もうこれ以上言わせないで／言いませんよ。さっさと寝なさ
い！）

　ここに紹介した「隠された主節」のアイデアは，もともと
Austin（1962）の「発語（発話）内行為（illocutionary act）」の考
えを応用した Ross（1970）による「遂行的分析（performative
analysis）」の研究に基づくものである。詳しくは，Austin
（1962），Ross（1970）のほかに，大塚高信・中島文雄（監修）
『新英語学辞典』の "performative" の項（千葉修司執筆担当），
Kanetani（2019），Rutherford（1970），Sweetser（1990）参照。

Exercises

(a) He's not coming to class because he's sick. (ambiguous)

［ヒント：病気のときだけ授業に出てくるような（変わった）学生

176

がいるとしたら …]

(b) He's not coming to class, because he just called me from San Diego.

(c) He beats his wife, because I talked to her. (ambiguous)

(d) Get out of here, because I have work to do.

(e) He went home early, because I saw him leave.

5.8. if anything

A. Nancy rarely, if ever, comes home late.

B. Tom is a pleasant if noisy child.

A. ナンシーは帰宅が遅くなることがたとえあるとしても, たまにしかない。

B. トムはたとえ騒がしいにしても, 愛想のよい子供です。

接続詞 if には,

(1) If (it is) necessary, I can come at six.

（必要ならば, 私は6時に来る／伺うことができます）

(2) If (you are) tired, you can have a rest here.

（もしお疲れでしたなら, ここでお休みになれます）

のように, if の後に続く主語と be 動詞を省略する用法がある。この用法がさらにイディオム的に用いられてできたのが if any, if anything, if at all, if ever などのような表現で, これらは一

般的に「仮に～するとすれば（としても）」「どちらかと言えば，
むしろ」のような意味で用いられる。

(3) There are few, if any, mistakes／There are few mis-
takes, if at all.
（たとえ誤りがいくつかあるとしても，その数はきわめて少な
い）

(4) Professor Chomsky does not say what if anything is
wrong with that argument.
（仮にその議論に間違ったところがあるとしても，それがどこ
であるかをチョムスキー教授は何も言っていない）

(5) That medicine is rarely, if ever, used alone.
（その薬は，仮に用いられることがあったとしても，めったに
単独では服用しない）

if anything が「どちらかと言えば」あるいは「（それどころか）
むしろ」のような意味になるような例としては，次のようなもの
がある。

(6) If anything, you ought to apologize.
（むしろあなたの方が謝るべきです）

同じような表現として，ほかに次のようなものもある。

(7) This is an interesting if untenable argument.
（これは，たとえ擁護はできないにしても，興味ある議論では
あります）

(8) We would ordinarily attribute such knowledge to a

grammarian if to anyone.

(そのような知識は，もし仮に誰かが持っているとすれば，そ
れは文法学者が持っているような知識であると通常私たちは考
えるでしょう)

Exercises

(a) He spoke before an enthusiastic if small audience.

(b) She is, if anything, a little better today.

(c) Diana must be a hundred if a day and she can do what she pleases.

[注：if a day = if she is a day「(年齢について) 少なくとも，確か
に」(年齢以外の数量を表す同じような表現として，if a yard, if
an inch, if a cent, if a penny などがある)；what she pleases「彼
女の好きなことなんでも」]

(d) A speaker can rarely, if ever, say what the rules of his language are.

(e) Which, if either, of these two proposals is supported by the data given below?

(f) Women of those far distant days were every bit as liberated as the women of today. If anything, it was the women who wore the pants.

[注：wear the pants「亭主を尻に敷く」]

5.9.　if not の構文

A.　It's warm, if not hot.

B.　John usually, if not always, comes home late.

A.　暑くはないにしても，かなり暖かい。

B.　ジョンは常にとは言わないまでも，通常帰宅が遅い。

接続詞 if で始まる否定の従属節が短縮されると，if not … の構文となる（⇨§5.8「if anything」）。この構文を含む文 "X, if not Y" は「Y という可能性も否定するわけではないが（あるいは，仮に Y というほどではないとしても），少なくとも，X ということは言える」という意味になる。（なお，この部分および以下の解説は，梶田（1980: 91）に基づいている。）

(1)　Some, if not all, of the students will fail.

（全部の学生ではないにしても，何人かの学生が落第するでしょう）

cf. Some of the students will fail.（= (5)）

(2)　He is pleasant, if not charming.

（彼は魅力的ではないにしても，愛想のよい人です）

(3)　She is pretty, if not beautiful.

（彼女は美人ではないにしても，かわいい人です）

(4)　It is difficult, if not impossible, to finish it by tomorrow.

（明日までにそれをし終えるのは，不可能ではないにしても，

困難なことである）

　一般に，何かあることを言うと，「それ以上ではない」という含みで受け取られるので，そのような含みを打ち消したいとき，if not を用いる。たとえば，

(5) Some of the students will fail.
　　（何人かの学生は落第するでしょう）

と言うと，「all ではない」というふうに受け取られるので，all という可能性も残したいときには，(1) のように言う。

　"X, if not Y" の構文を正しく解釈するためには，X, Y の意味だけでなく，X, Y を含む句全体の意味を考えねばならないことがある。たとえば，次のような文を見てみよう。

(6) An equally, if not more, important thing is that you help each other.
　　（それ以上に重要だとは言わないまでも，少なくともそれと同じくらいに重要なことは，君たちがお互いに助け合うことです）

　この文を正しく理解するためには，equally と more の部分だけでなく，equally important thing と more important thing 全体が対比されていることに注意する必要がある。同じように，次の文においても，well-meaning と disinterested だけでなく，下線部全体の意味を考えねばならない。

(7) That accident is an object lesson in this kind of well-meaning, if not disinterested, untruthfulness.
　　（その事件は，私欲によるところがないとは言えないまでも，

善意の心から生じるこの種の事実ごまかしについての教訓と
なっている）［注：object lesson「（教訓となる）実例」］

Exercises

(a)　The way of approach is simple, if not easy.

(b)　Without good information it's difficult, if not impossible
to make intelligent decisions.

(c)　There are clearly grounds for opposition-led controversy,
if not also for genuine dissatisfaction.

［注：grounds「根拠，理由」；-led「～に導かれた，～によりもた
らされた」］

(d)　Dickinson was a half-an-hour drive for us in the summer,
two hours in the winter, if not more.

［注：Dickinson「ディキンソン（米国北ダコタ州の市）」］

(e)　That Prime Minister Gandhi has driven a wedge between
himself and President Singh will remain an issue to en-
courage opposition hopes, if not fuel popular fears.

［注：drive a wedge「仲たがいする」；fuel「（不安・怒りなど）を
あおる」；popular fears「民衆の抱く不安」］

(f)　But, we do think he would have been horrified and sick-
ened as anyone, if not more by these events.

［注：horrify「ショックを与える」；sicken「不愉快な気持ちにさせ
る」］

（例文 (d), (f) はデータベース Corpus of Contemporary Ameri-
can English より）

5.10. though / as 節における補語の前置

A. Good liar though Dick is, he may not be able to get out of this.

B. Naked as I was, I rushed out.

C. Poor as he was, he could not afford to buy books.

A. ディックはうそをつくのがうまいけれども，この困難を脱することはできないかも知れない。

B. 私は裸ではあったが，慌てて飛び出した。

C. 貧乏だったので，彼は本を買う余裕がなかった。

従属接続詞 though で導かれた節においては，補語の名詞あるいは形容詞を，その節の最初の位置に移動させることができる。たとえば，(1) および (3) のような文は，それぞれ，(2) および (4) のような文に書き換えることができる。

(1) She has more sense than Mary, though she is a child.
（子供ではあるが，彼女の方がメアリーよりも分別がある）

(2) She has more sense than Mary, child though she is.

(3) Though you might be poor, you cannot live all your life on charity.
（あなたは貧乏かも知れないが，死ぬまで他人の施しに頼るというわけにはいきませんよ）

(4) Poor though you might be, you cannot live all your life on charity.

　ただし，補語の名詞を節の最初の位置に移動するときには，その名詞の前の冠詞を消去しなければならない。たとえば，(2) の child の部分を a child のようにすることはできない。同じように，次のような文も，冠詞を用いた場合は非文法的文になる。

(5)　{Doctor / *A doctor} though Joe is, I wouldn't consult him about such problems.

　　　（ジョーは医者だけれども，私はそんな問題のために彼の助言を求める気にはならない）

(6)　{Tall girl / *A tall girl} though she is, few people look up to her.

　　　（彼女は背の高い女の子だが，彼女のことを尊敬する人はほとんどいない）

　補語の名詞あるいは形容詞のほかに，(8) のように副詞が節の最初の位置に移動することもあれば，また (10) のように動詞を（原形動詞の形にして）移動させることもできる。

(7)　Though I greatly admire her, I don't want to work with her.

　　　（私は彼女を大いに尊敬はしているが，一緒に仕事はしたくない）

(8)　Greatly though I admire her, I don't want to work with her.

(9)　Though I failed, I would not abandon my goal.

　　　（私は失敗したけれども，目標の達成は決してあきらめない）

(10)　Fail though I did, I would not abandon my goal.

接続詞 though のほかに，接続詞 as についても同じような用法がある。ただし，as の場合には，(11)-(13) の例のように，「〜ではあるが」「〜にもかかわらず」のような譲歩の意味のほかに，(14)-(16) の例のように，「〜なので」という理由を表すことがある。

(11) Naked as I was, I braved the storm.

（裸ではあったが，私は嵐にもひるまなかった）

(12) Rich as he is, I don't envy him.

（彼は金持ちだけれども，私は彼のことをうらやましいとは思いません）

(13) Try as you will, you won't manage it.

（どんなにやってみても，あなたはそれをうまく処理することはできないでしょう）

(14) Tired as they were, they went to bed as soon as they came back.

（疲れていたので，彼らは帰って来るとすぐに床に就いた）

(15) Honest man as he was, he refused to be bribed.

（正直者だったので，彼は賄賂を受け取ることを拒絶した）

(16) Writing hurriedly as she was, she didn't notice the spelling errors.

（急いで書いていたので，彼女は綴りの間違いに気がつかなかった）

特にアメリカ英語では，形容詞（あるいは副詞）の前にさらに別の as を補うこともある。

(17)　As late as we were, Mary was later.

　　　（我々は遅くなったが，メアリーの方はさらに遅くなった）

(18)　As poor as they are, they never refuse to give to char-
　　　ity.

　　　（彼らは貧乏であるが，慈善事業に寄付するのを決して拒まな
　　　い）

接続詞 though, as のほかに，接続詞 that が用いられることも
ある。

(19)　Fool that he was, he managed to evade his pursuers.

　　　（彼は馬鹿だったが，何とか追っ手から逃れることができた）

(20)　Clumsy idiot that he was, Michael completely ruined
　　　the dinner.

　　　（不器用な愚か者だったので，マイケルはディナーをすっかり
　　　台無しにしてしまった）

　ただし，鷹家・林（2004: 80f.）は，ここに取り上げた構文が
「理由」の意味になることは少なく，「譲歩」の意味で用いられる
のが普通であるとの調査結果を報告している。また，「この構文
自体が堅い文体で使われるものであること，約5分の1の人は
『譲歩』の意味でも使わないということに注意したい」と述べ，
さらに，「一般学習者が発信するときは『理由』なら Because
[Since] he was young, … を用い，『譲歩』なら Though [Al-
though] he was young, … を用いるのを基本とすべきである」(p.
81) との注意を促しているのが参考になるであろう。

186

Exercises

(a) Eloquent though she was, she could not persuade them.

[注：eloquent「雄弁な」]

(b) Bad politician though he is, everyone admires him.

(c) Much as I admire Shakespeare's comedies, I cannot agree that they are superior to the tragedies.

(d) He was a kind of plodder, good fellow as he was.

[注：plodder「スローモー型の勉強家」]

(e) As widespread as the effects may be, the Midwest still bears the brunt of the recession.

[注：the Midwest＝the Middle West「米国中西部」；bear the brunt of「の矢面に立つ」；recession「不況」]

(f) Poor that they were, they gave money to charity.

5.11. 付帯状況の with

A. Ken sat reading, with his wife sewing beside him.

B. He read the letter with tears in his eyes.

C. With Ruth away, there's more room.

A. 縫い物をしている妻のそばで，ケンは座って本を読んでいた。

B. 彼は目に涙をためてその手紙を読んだ。

C. ルースが行ってしまったので，さらに部屋に余裕がで

> きました。

「with＋名詞」の後に形容詞，現在分詞，過去分詞，前置詞＋名詞などが来ると，全体として，付帯的な状況を表す節と同じ意味になる。

(1)　It would be better not to sleep with the window open.
（窓を開けたまま寝ないほうがよいでしょう）

(2)　With winter coming on, it's time to buy warm clothes.
（冬が近づいているので，暖かい衣服を買わなくてはなりません）

(3)　You might see a two-dollar bill with all four corners torn off.
（4つの角がすべてちぎり取られた2ドル紙幣を目にすることがあるかも知れません）　　　　（栗原ほか（1990: 127））
［注：2ドル紙幣は縁起の悪いお札で，その災いから逃れる方法として，受け取った人は角を切り取るとよいとする迷信がある］

(4)　I stood there, with my hand on a packet of tea.
（私はお茶の包みに手を置いたままそこに立っていました）

(5)　With your son a student, you probably don't see so much of him.
（息子さんが学生でいらっしゃるので，あなたは息子さんにあまりお会いになれないことでしょう）

with に導かれる付帯状況の表現が2つ以上 and で結ばれているときは，2番目以下の with は省略してもよい（(6), (7) の記号

188

φ は，そこが空所になっていることを示す)。

   (6) With Pollini playing the Brahms Second and φ Arrau
       the Beethoven Fourth, we're going to have a great
       week of concerts.

       (ポルリーニがブラームスの2番を弾き，アラウがベートーベ
       ンの4番を弾くので，今週はたいした音楽会週間になりそう
       だ)

   (7) A Prime Minister who comes to a Cabinet meeting
       with his mind made up, and φ a plan thought out, is
       not likely to be thwarted, nor even seriously opposed.

       (はっきりと心を決め，案をじっくり練って閣議に臨むような
       首相ならば，提案を却下されたり，あるいは本気で反対される
       ということすらありそうにない)

       [注：thwart「挫折させる，(計画・目的を) 妨げる」]

「with + 名詞」の後に補語の名詞が来る場合 ((5) 参照) には，
この2番目の名詞の前に as が現れることがある。

   (8) With Jeff as goalie, our team is sure to lose.
       (ジェフがゴールキーパーじゃ，我々のチームは確実に負ける
       よ)

   (9) With such a man as President, we're in grave danger
       of war.
       (あんな男が大統領だと，戦争の危険が大いにあります)

「with + 名詞」の後に不定詞が来ることもある。その場合には，
名詞が不定詞の主語に相当する場合 ((10), (11)) と，名詞が不定

詞または前置詞の目的語に相当する場合 ((12), (13)) とがある。

(10) He knew that with him to help her she could and would succeed.

（自分が彼女を助けてやれば，彼女は成功する可能性があるし，またおそらく成功するだろうということを彼は知っていた）

(11) With a number of seats still to be announced, they are certain to have at least six seats over the 218 required for an absolute majority.

（これから決まる当選議席がまだいくつか未発表になっているので，彼らは絶対多数に達するのに必要な議席数218を少なくとも6議席オーバーするのは間違いないものと思っている）

(12) With so many children to support, they have to work from morning till night.

（養うべき子供が非常にたくさんいるので，彼らは朝から晩まで働かなければならない）

(13) With no one to talk to, John felt miserable.

（誰も話す人がいなかったので，ジョンは惨めな思いをした）

否定的な付帯状況は without で表すことができる。

(14) Without anyone noticing, I slipped out of the room.

（誰にも気づかれずに，私はこっそりと部屋を抜け出した）

(15) Napoleon passed through the crowds of these unfortunates without a murmur being heard. （梶田 (1980: 91)）

（ナポレオンはこれらの不運な人々の群れの中を通って行ったが，不平のつぶやきは1つも聞かれなかった）

(16)　Without you to consult, I would be completely lost.

（もしあなたに相談できないとしたならば，私は完全に困惑することでしょう）

「名詞＋現在分詞」が with を伴わないで同じように用いられることがある。

(17)　Several reporters, all of them asking not to be identified, said that …

（数人の報道記者が，どうか名前を出さないでほしいとみんなが頼んだ上で，… と語った）

(18)　About 15.5 million children, most of them being in poor countries, die every year of malnutrition.

（毎年およそ 1,550 万人の子供たち──そのほとんどは貧しい国の子供たちなのだが──が栄養失調のために死んでいる）

このような現在分詞の構文は，「絶対／独立分詞構文」と呼ばれるが，ここでは all of …, most of … の表現からわかるように，全体に対する部分や，全体の内訳の説明として用いられている。また，このような場合，them などの代名詞を whom などの関係代名詞に置き換えることができるが，ただし，その場合には，動詞の形は -ing 形（現在分詞）ではなく，asked/are などの定動詞の形にしなければならない。

(19)　Several reporters, all of whom asked not to be identified, said that …

(20)　About 15.5 million children, most of whom are in poor countries, die every year of malnutrition.

現在分詞が being の場合は，これを省略することもあれば（cf. (21)），さらに前の部分と共通のほかの動詞を省略することもある（cf. (22)）。

(21)　The volume is a selection from about 90 books, articles, reviews, lectures and working papers, many unpublished.

（この巻には約 90 にも上る本，論文，批評，講演，および研究報告書の中から選んだものが収録されているが，その多くが未公刊のものである）

(22)　Seven persons were injured, one seriously, when a propane gas tank exploded early Sunday at a jewelry store in Tokyo.

（日曜日の早朝，東京の宝石店でプロパンガスのタンクが爆発し，7 人が負傷し，そのうちの 1 人は重傷を負った）

［注：このような場合，日本語の新聞報道などでは「7 人が重軽傷を負った」のように，重傷者，軽傷者の数の区別を明確にしない言い方をすることも多い］

（以上の解説の一部は梶田（1980: 90–91）に基づいている。）

Exercises

(a)　Look! He is sleeping with his eyes open.（梶田（1980: 90））

(b)　Mother Teresa of Calcutta has caught the attention of the world by going to the poorest of the poor people alone— with only a few coins in her pocket.（栗原ほか（1990: 158））

［注：Calcutta「カルカッタ（インド東部の都市 Kolkata の旧称）」；catch the attention「注意を引く，注目される」（ここでは現在完了形 has caught が用いられているが，それは，もともとこの英文が書かれた当時は，Mother Teresa がまだ存命中であったからである。現時点で同じような内容を英語で表現しようとすると，現在完了形ではなく過去形 caught を用いなければならないことに注意）］

(c) Early human beings established a major division of labor, with the male hunter leaving the group for some time, then returning home with the kill.

［注：early「原始時代の」；the kill「しとめた獲物」］

(d) Tokyo and Hitotsubashi Universities announced the final results of their entrance examinations Friday, with both schools accepting 16–18 percent more students than previously planned.

(e) Without me to supplement your income, you wouldn't be able to manage. ［注：supplement「（収入などを）補う」］

(f) In an effort to stave off another crisis, the management is cutting back on a number of services, Sunday service among them.

［注：stave off「食い止める」；the management「経営者側，経営陣」；cut back on「削減する」］

第6章

等位接続

6.1. 否定文 not (A and B) の解釈

A. I couldn't believe her story and go on living with Stanley.

B. Wisely, they did not marry in haste and repent at leisure.

A. 彼についての彼女の話をいったん信じたら，これまでどおりスタンリーと一緒に暮らしていく気には私はどうしてもなれません。

B. 賢明にも，彼らは「慌てて結婚，後で後悔」というようなことはしませんでした。

　否定語 not が and で結ばれた句や節全体を修飾することがある。たとえば，

(1) You can't sit still and see yourself destroyed.
　　（あなたはただ黙って座って自分が破滅するのを眺めているわけにはいかない）

において，can't は最初の動詞句 sit still だけを否定するのではなく，sit still and see yourself destroyed 全体を否定している。同じように，

(2) You can't beat a woman and then call her back!

((人は) 女を殴っておいて，その女に，「どうか戻ってきておくれ」などとは言えないものだ)

の文が意味することは，「(人は) 女を殴ることができない云々」ではなく，「女を殴っておいて，〜するということはできない」ということである。次のようなことわざにおいても，can't は最初の動詞句だけを修飾しているのではない。

(3) You can't eat your cake and have it./You can't have your cake and eat it (too).

(お菓子は食べたらなくなる。＝両方いいことはできない)

次のような例も同じように解釈する。

(4) They cannot pursue a hostile policy toward South Africa and survive.

(彼らは南アフリカに対する敵対政策をこのまま採り続けて行きながら，生き延びることはできません)

(5) I could not come to this part of the world and not come to see you.

(私が地球上のこの地域にやって来ながら，君 (たち) に会いに来ないなんて考えられないことです)

このように，and で結ばれた句や節全体が not によって修飾さ

れた構文 "not (A and B)" とよく似た解釈が行われるものとして, not の代わりに別の語句が用いられている場合がある。

(6) How can I go on living here and suspecting every-body?

（これからもここに住み続けて，片っ端から人を疑って掛かるなんてことがどうしてできましょうか）

(7) It's disgraceful being near a place and never even see-ing it.

（近くに住んでいながら，一度もその場所を見たこともないなんて不名誉なことです）

(8) There is a certain relief to knowing that the worst has happened to you and you're still alive and kicking.

（あなたの身の上に最悪のことが起こったにもかかわらず，今なお元気でぴんぴんしているのを知るのは，ほっとするものです）

(9) I hate looking into a flower shop and seeing a lovely bunch of white lilacs and not having anyone to send them to.

（花屋の店先を覗いてみて，そこに白いリラのかわいい花束を見つけても，それを贈るべき人が誰もいないなんて，悲しいことです）

すなわち, (6), (7), (8) において, それぞれ, (How can I) go on, It's disgraceful および (There is a certain relief to) knowing が, 残りの等位構造の部分 "A and B" 全体を修飾している。また, (9) の場合は, I hate が残りの "A and B and C"

の部分全体を修飾している。

Exercises

(a) You can't fish and not eat.

(b) "I must hear too," she said piteously. "I cannot stay outside and not know." ［注：piteously「悲しげな調子で」］

(c) Look, Tom, when the post comes and I'm washing up, don't say, "I'll get it," and sit there reading T. S. Eliot.
［注：wash up「食器を洗う」］

(d) To a linguist, of two alternative usages, one is not 'right' and the other 'wrong'—the two are merely different.
［注：linguist「言語学者」；usage「言葉の使い方，語法」］

(e) It must be pretty fair hell to be born a woman and to be born plain and unattractive, especially if that isn't compensated for by having any special talent or brain.
［注：pretty fair hell「なんと惨めなことか」；plain「器量が並の，美しくない」］

(f) We could fall dead and nobody would know till Monday.
［注：fall「（急に）〜の状態になる」］

6.2. try and の構文

> **A.** I always try and help her.
>
> **B.** Would you go and tell the children to shut up?

C. Go jump into the river.

A. 私はいつも彼女を助けるようにしています。

B. すみませんが，子供たちの所に行って，静かにするように言ってくださいませんか。

C. 川の中に飛び込みなさい。

「動詞＋and＋動詞」のように，形の上では2つの動詞が対等の関係で結ばれているように見えるが，意味上は2番目の動詞が1番目の動詞を修飾しているように解釈しなければならない場合がある。たとえば，

(1) She'll come and see you

(2) I'll go and visit my mother

(3) He must try and do better.

のような文は，それぞれ，次の (4), (5), (6) と同じように解釈される。

(4) She'll come to see you.

  (彼女はあなたに会いに来るでしょう)

(5) I'll go to visit my mother.

  (私は母を訪れるでしょう)

(6) He must try to do better.

  (彼はもっとうまくやれるようにがんばらなければならない)

すなわち，このような文に用いられている and は，本当の意味での等位接続詞の働きをしていないことになる。このような

「動詞＋and＋動詞」の構文は，ふつう口語体の文の中で用いられ，文語体の文では，come to see や go to visit のように，2番目の動詞を不定詞にした構文の方が用いられる。come, go, try のほかに，sit, run, stand, hurry up などの動詞および形容詞 be sure も同じように用いられる。

(7)　Hurry up and get dressed.
　　　（急いで身支度を調えなさい）

(8)　Be sure and see us tomorrow.
　　　（きっと明日私たちの所にお出でください）

　この構文の特徴は，and で結ばれる動詞の形が語尾変化を伴わない単純形（原形）の場合に限られるということである。3人称単数現在形の動詞，過去形の動詞，完了形の動詞，進行形の動詞などの場合には，この構文は許されない。

(9)　*He tries and sees us every day.
　　　(cf. He tries to see us every day.)

(10)　*He tried and saw us yesterday.
　　　(cf. He tried to see us yesterday.)

(11)　*He has tried and seen us.
　　　(cf. He has tried to see us.)

(12)　*They are trying and seeing us tomorrow.
　　　(cf. They are trying to see us tomorrow.)

　上の文は，いずれも，and＋動詞の部分を to see のような不定詞に置き換えなければ正しい文とはならない。このような制限に一見従わないかのように見える例文として，次のようなものが

ある。

 (13) I went and had a drink with him yesterday.

   （昨日私は出かけて行って，彼と一緒に飲みました）

 (14) He usually stays and has dinner with us after the
    game.

   （彼は通常，ゲームの後は，すぐに帰らないで，私たちと夕食
   を共にします）

すなわち，このような文に現れる「動詞＋and＋動詞」は，普通の用法の等位接続詞 and によって２つの動詞が意味的にも対等な関係で結ばれているように解釈するのが正しい。

　次の文は and の用法に関してふた通りに解釈できる曖昧な文である。

 (15) John will try and catch Harry.

   （a. ジョンはハリーを捕まえようとするでしょう。

    b. ジョンは一度やってみて，ハリーを捕まえるでしょう）

cf.(16) a. John will try to catch Harry.

   b. John will try (to do something), and he will catch
    Harry.

「go＋and＋動詞」が「驚いたことに（突然，不運にも，愚かにも，勝手に）〜する」の意味を表すことがあるが，その場合には，動詞 go を普通どおりに活用変化させることができる。

 (17) He went and hit me.

   （彼は突然私を殴った）

(18) You've gone and done it now!

　　　（お前はとんでもないことをしでかしてくれたな！）

come, go, run などの動詞の場合は，接続詞 and を省略して，come see, go visit, run hide などのように言うことができる。

(19) Come see me.

　　　（訪ねていらっしゃい）

(20) John managed to go visit Carol last week.

　　　（ジョンは先週，何とかキャロルを訪問することができた）

(21) Run hide in the woods!

　　　（走って行って森に（林に）隠れなさい）

この場合，活用語尾を伴う動詞の変化形を用いることができないのは，and を省略しない場合と同じである。

(22) John will go visit Carol tomorrow.

　　　（ジョンは明日キャロルを訪問するでしょう）

(23) *John {goes visit / goes visits / go visits} Carol every afternoon.

(24) *John {went visit / go visited / went visited} Carol yesterday.

(25) *John has gone visit Carol already.

(26) *John is going visit Carol tomorrow.

Exercises

(a)　Can you try and understand that I'm not like that?

(b)　Borrow the car. I'll come and get it tomorrow.

　　　［注：come「（あなたの所に）行く」cf. (e)］

(c)　Tom should be sure and visit Betty tomorrow.

(d)　If you want more money, go start working.

(e)　We will come swim in your swimming pool one of these days.

　　　［注：one of these days「近日中に，そのうち（に）」］

(f)　Johnny! Come get your supper!

(g)　I'll go call Elaine now.

Exercises 解答

第1章　名詞表現

1.1. 所有を表す名詞表現

(a) あなたはその美術館にあるレンブラントの描いたアリストテレスの肖像画を堪能されましたか。

(b) 私の机の上にはスナップショットを引き伸ばしたサラの写真が裏返しになっていました。

(c) 私が彼らに聞かせてやった，ジョンの書いた物語をあなたも聞いたらよかったのに。

(d) リチャードが甥の殺害に関して有罪かどうかということについてかなりの論争がわき起こった。

(e) 1.　その委員会が行った任命は驚きであった。
　　2.　その委員会が任命されたことは驚きであった。

1.2. 数量表現のかかり方

(a) どんな規則にもいくつかの例外がある。

(b) すべての博物館を訪れた旅行者が何人かいます。

(c) 化学の授業をひとつ残らず受けた少女が一人います。

(d) この教室の誰もが知っている言語が少なくとも2つはあります。［特定の2つの言語（たとえば，英語と日本語）のこ

とを言っていることになる。]

(cf. の文の意味：この教室の誰もが，少なくとも 2 つの言語を知っています。[その 2 つの言語（の組み合わせ）は，一人ひとり違ったものであってもよい。]

(e) 1. ジョンはすべての人々にそれぞれどこかのイタリアの都市で会った。

    2. イタリアのある都市で，ジョンはすべての人々に会った。

(f) 私はそれらの絵画（映画／写真）の多くを見たわけではない。

(g) そのパーティーに出席しなかった人がたくさんいた。

(h) その人たちみんながその居酒屋に出かけることがしばしばあった。

(i) その人たちはみんな，その居酒屋にしばしば出かけるのだった。

1.3. 数量表現の位置

(a) オーストラリア人は年間平均一人あたり約千個の牡蠣を消費する。

(b) それらの戦闘機は今や敵軍によってすべて計画的に破壊されつつある。

(c) これらの異なる表現は 16 世紀において同じ 1 つの形態／語形により表すことのできたいくつかのわずかな意味の違いを区別するために用いられる。

(d) 僧院はすべて中国国家の支配下にある。1980 年以来，僧院を管理する僧には一人ひとり政府の代表者が上役として

付いている。

(e) 大蔵大臣と中央銀行総裁は西ドイツ・マルクとオランダ・ギルダーをそれぞれ3％，および，ベルギー・フランとルクセンブルグ・フランをそれぞれ2％ずつ通貨価値切り上げを行うことを決めたが，これは直ちに実行される。

(f) 若者たちはみんな一人ひとりが彼自身であり彼女自身であるような独創性のことを話題にする。しかし，そのような考えも，実際彼らがどのような人間になれるかということについてのある程度の見通しに基づいていなければ，単なる立派な話で終わってしまう。

1.4.　each other

(a) バンドが「恋人よ，おやすみなさい！」を演奏している間，彼らは互いにキスをしたり，一緒に踊ったりした。

(b) 彼らはお互いに儀式張って話しをする代わりに，互いに冗談を言い合った。

(c) 彼らは長いテーブルに座って，食べ物で口を一杯にしたまま，お互いに呼び交していた。

(d) 外国人同士がお互いに相手の国の文化を知り，それを正しく認識するようになったときに初めて，お互いを理解し，意義のある経験を共に分かち合うことができるのである。

(e) 日本人とアメリカ人はこれまで150年以上にわたりお互いに接する機会が次第次第に多くなってきている。しかしながら，両国民はお互い多くの点で非常に異なっている。

(f) 「起き上がった時，あなた方はお互いどうし，普通どおり振る舞いましたか。」──「私たちはお互いに一言も口をきき

ませんでした。」

1.5.　名詞＋of＋名詞

(a)　そのパーティーには多くの人がいました。

(b)　そのパーティーの席で手袋が一対なくなったのですね。

(c)　その象の群れは私が思ったよりも大きな集団でした。

(d)　その象の群れが我々の方に向かって先を争ってどっと逃げ
出してきた。

(e)　私が話題にしていた人参のうち，二束が使用された。

(f)　中曽根首相はレーガン大統領と 4 月 30 日と 5 月 1 日の 2
回にわたり会談するでしょう。

(g)　ウィーンで開かれる競売のために世界中から集められた何
列にも並べられた人形を，人形収集家と人形好きの人たち
がため息混じりに眺めています。

(h)　私は起き上がりたいと思った。私はやせこけ型の人間なの
で，何か堅いものの上に長い間横になっていると，非常に
苦痛になってくるのです。

(i)　「私が家を出るとき，あの獣のような父が一体何をしてい
たかご存じですか。笑っていたんですよ。友達と一緒に酒
を飲みながら笑っていたんです。」

1.6.　kind of／sort of

(a)　「ロビンソンさん」，頭を横に振りながらベンジャミンは
言った。「ぼくは今頭がちょっとばかり混乱しています。」

(b)　「私は何だか不思議な気分で，ここまで車を運転してきま
した。」

(c) 「大変申し訳ありません。私はその種の雑誌を読むことには，ちょっとばかり興味を失ってしまったのです。」

(d) 私の言いたいのは，えーと，あの人が私のことを，いわば，取り澄ましたお行儀のいい女だと思っているということなの。

(e) もうあとちょっぴりだけいただこうか。これでもって，まあいわば，飲むことに栓をするつもりでね …。

(f) 科学者が顕微鏡の新しい技術を用いて，原子および原子を結びつけるボンド（原子の手）がどのような姿になっているかを示す映像を作り出しました。この映像を見れば，エレクトロンがボンドを形成するために，どこの部分で，「いわば，別のエレクトロンを求めて捜している格好となっている」かが分かります。

第 2 章　名詞化

2.1.　節に相当する名詞句

(a) その男の人がプールに飛び込んだので彼女は助かった。

(b) 単独でハイカーがベスビオ山に登るなんて不可能な芸当と言える。

(c) その男の子が大きな声で泣くのには私は閉口した。

(d) あなたのその本に対する言及の仕方が，著者には気に入らなかった。

(e) ジョンが妹をしばしば殴るものだから，妹は腹を立てた。

(f) あなたがカトリック教徒だからと言って，サラもそうなるというわけではない。

(g) 彼女は多くの発見をして戻ってきた。

(h) 人々はお互いに仲間同士のつきあいをするが，その主な理由は，自分がどこかに所属し，また他の人からその存在を認められたいという基本的な心理的要求を満たすためである。

2.2. 動名詞

(a) 彼は常に左手で絵を描いたので，彼のその絵の描き方に私は魅力を感じた。

(b) 彼がそんなにたやすく説得されるとは思わなかったので，彼が（説得されて）絵を描いたということは私には驚きだった。

(c) 彼女はそのケーキを器用に薄く切り分けたので，賞を獲得した。

(d) フレッドは抑留生活の後，自分の知っていることをすべて書き物にしたので，私は目を見張った。

(e) 私たちが講義に出席する目的を理解して下さる先生が何人かでもいて下さることを私は願っています。

(f) 広島と長崎の原爆投下は，もちろん，人間の歴史におけるその種の武器の最初の使用であった。

(g) 南レバノンにおいて，アイルランドの平和維持軍兵士の一人がイスラエル軍によって殺されたことによって，この月曜日，国連軍の撤退に対する新たな要求が持ち上がり，長い間のやっかいな問題をはらむイスラエルと国連との関係が注目される結果となった。

2.3.　動名詞の主語

(a)　この国には革命の起こった例がいくつもあります。

(b)　人がその人の話すことばのなまりのために首になるという場合がいろいろと記録されています。

(c)　その言語学者は，語順が何らかの働きをすることについて何ら明確には述べていない。

(d)　その方法は両方とも金属が十分にあるということを前提にしている。

(e)　中国は両国の間に正常な関係が生まれるかどうかは，ソ連側がいわゆる3つの障害を取り除くかどうかにかかっていると主張している。その3つの障害というのは，アフガニスタンにおけるソ連軍の駐留，カンプチアでのヴェトナム軍による戦争に対するソ連の軍事援助，および，中ソ国境におけるソ連軍の強化の3つである。

第3章　関係詞節

3.1.　関係代名詞の役割

(a)　どのようにしてこの注目すべき本が書かれるようになったのでしょうか。この本の著者は，そのような愉快な空想的作品を書くとはとうてい思われないような人だったのです。

(b)　「これらの国々の間のよりよい関係を促進するだろうと私たちが信ずるような活動を私たちは支持するでしょう。」とキッシンジャーは言った。

(c)　彼らがこのような音楽的響きのあだ名で呼ばれるように

なったのは，ある日，誰もそんなことが起ころうとは夢に
も思わないような事件が起こったからなのです。

(d) もしそれが正しいとすれば，そのような特徴を持っている
かそれとも持っていないかということが，他の特徴と相関
関係にあるということは，これを子供が学習して身につけ
るような種類の事柄ではありえないことになる。

(e) あなたは以前は，第三世界の人々があなたのことをアメリ
カの人々を代弁していると思うほどの強い影響力を持った
方でした。

(f) 大人の文法の中に含まれていて，通常の言語使用の一部に
なってはいるが，5歳の子供たちの文法にはまだ欠けてい
るような文法的構造のいくつかについて私は研究しまし
た。

(g) 結局，もし英語の練習をしたいと思うなら，もちろん，正
確に，きちんと英語を話すことができるようにならなけれ
ばならないし，アメリカ人が図々しくも英語だと称してい
るあの砕けた言葉遣いをしないようにならなければならな
いのです。

3.2. 補語の関係代名詞化

(a) ハリウッドはもはや昔のような流行の先端を行くような場
所ではなくなっている。

(b) 典型的な英国人を指す呼び名であるジョンブルは，かつて
は，そんな風だと思われていたような典型的な英国人の持
つ人間像をもはや表さなくなってしまっていた。

(c) 彼女のすぐれた業績のいくつかはそのことによって示され

てはいたが，彼女がどういう人物であるのかということについては，それでは何もわからなかった。

(d) サラディンはその教会をモスクに変えたが，今日でもそのままになっている。

(e) すべてのことが，実際の姿とは異なっているかのように見せかけるようにしなければならない，というのがまるで彼らの規則であるかのように思えた。

(f) 彼は上院が期待どおり近代国家における第二の議院らしく振る舞うように忠告した。

(g) ロシアはジョンのような過激論者が言うようなそんな「凶悪な敵」ではないかも知れない。

(h) 彼らはトムのことを，私にはそうは思えないような人物のように考えている。

3.3. 二重制限の関係詞節構文

(a) 我々の種馬によってできた子馬の中で，インディアナ州で育った子馬がダービーに優勝した。

(b) その角の方に立っている少年で，めがねをかけているのが私の弟です。

(c) 彼女が書いたことばの中で，私が空で覚えていたものがいくつかあった。

(d) 「私が興味を持っていることで，私にできないようなことが何かあるなどと思いたくありません。」とマンは言った。

(e) 子供が用いる（ことばの）原理で，しかも普遍文法と興味深く関わっているようなもう１つ別の原理が存在する。
　　［注：人間の脳の一部には，普遍文法（の知識）が生得的に

備わっていて，人間は幼い頃から，無意識のうちに，その普遍文法の中に含まれていることばの一般的原理に従った形で，自分の母語の文法を習得する，とする考えがこの文の背景にある］

3.4. 関係詞節と同格節

(a) リンダはスーザンが――実は彼女は背が高いのですが――ピグミーであるという主張を信じています。

(b) 彼は働きすぎるのは健康に良くないという，誰でも気づいていなければならない事実の意味が十分に理解できた。

(c) ピサロが 19 世紀フランスの画家たちの中で最も近づきやすい画家の一人であるということは明らかであるが，これはちょうどピサロ回顧展――この展覧会はアメリカの都市ではボストンにおいてだけ催されるのであるが――その回顧展が主要な国際的な芸術的催しであるという事実と同じくらい明らかである。

(d) あなたのすべきことは，あなたが実際知っている以上のことを知っているかのような印象を試験官に与えるような，まさにそういう事柄を学ぶことでした。

3.5. 関係詞節中の主語と動詞の倒置

(a) これらがこの十年間の経済的破綻の原因の大部分をなすとみなされている事柄です。

(b) 私は学会に出席するためにやってくるすべての物理学者のための宿舎の世話をするのが仕事となっていた親睦業務理事に会いました。

(c)　彼らはその古い教会を破壊しようともくろんでいるのだが，その教会の地下室には有名な革命の英雄が大勢埋葬されている。

(d)　ジャックは手提げランプをテーブルの上の聖書の横に置いた。テーブルの周りには椅子が4つあった。彼はバッグをベッドの上に置いた。

(e)　彼女の仕事に加わった少女たちと一緒に，マザー・テレサは 1950 年に修道女による新しい修道会，すなわち，博愛伝道者の会を創立した。後にこの修道会に，修道士のための修道会，すなわち，博愛修道士の会が新たに加わった。

3.6.　先行詞＋関係詞＝間接疑問文

(a)　ロディーが一体どんな種類の人物なのか私には見当が付かなかった。

(b)　多くの夫婦にとって，長い結婚生活の終わりの部分が一種の工芸品とも言える輝きを大いに放つことを知り，私は感銘を受けている。

(c)　子供がどういう名前で呼ばれるかが，その子供がどのような人になるかということに実際影響を与えるであろうということを彼は知っていた。

(d)　ジョンはビルがどのくらいの額のお金を借りたのかを探り出した。

(e)　その一大騒動を引き起こしたのは誰なのかということをジルが私に教えてくれた。

(f)　その事件にかかわった人物の名前を警察に言うことをキムは拒絶した。

3.7. 先行詞＋関係詞節＝平叙文

(a) 彼女があんなにいろいろと不親切なことを自分で言ったことに対して，少しは後悔してくれていることを私は願った。

(b) 英語の単語 thud は，重い物体が大きな音と共に何かにドシンとぶつかるときの音をまさに表しています。

(c) 私たちの勉強の成果が上がったことを指導教授は喜んだ。

(d) 今回の投票は，その法案を立法化する過程の上で最も重要な手続きであった。またこれによって，この国の長い歴史において，社会問題に関して教会が政府と対決した結果敗れたのは，今回が初めてであることが示されることとなった。

3.8. 間接疑問文か関係詞節か

(a) ハリーがどこへ行ったのか私は知りたい。

(b) いったいアルバートが何を買ったのかアリスは知らなかった。

(c) 私は車の中にあった物を外に放り出した。

(d) 言語学はもはや 50 年前のものとは違っている。

(e) 1. ベスはティムが彼女に何を語ったのかを私に話してくれた。

    2. ベスはティムが彼女に語った話を私にしてくれた。

(f) 問題があるのはそこなのです。

3.9. 挿入節としての関係詞節

(a) その町には——これは確かなことだが——イギリスで最も長い桟橋の 1 つがある。

(b)　彼らは同盟諸国に対する──彼らの考えるところによると──自らの道徳的義務に従って行動したのであった。

(c)　忠誠という言葉は誤用されることが多い。というのも、「忠誠」は──もっと正確に表すとすれば、おそらく──「お互いに無能であることをかばうための陰謀」を表す上品な言葉として用いられることが余りにも多い。

(d)　私たちはその男が銃とナイフと、それから──私たちの思ったところでは──ガソリンを一缶持って部屋に入るのを見た。

(e)　1955年にバンドン会議に出席する中国代表団を乗せたインド航空機が──香港警察の言うところによると──「入念に計画された大量殺人計画」において、空中爆破されたのである。

(f)　しかし、1946年のある日、彼女が汽車で旅行をしていると、「すべてをなげうち、神の後に従って街に出て、貧しい人々の中でも最も貧しい人たちの中にあって、神に仕えるように」との──彼女にはそう思われたのだが──神の澄んだ声を聞いた。

3.10.　関係代名詞の省略

(a)　これは誰もが注意を払わなかった問題である。

(b)　これは、残念ながら、誰もが注意を払わなかった問題である。

(c)　これは今日のアメリカの学校に典型的に見られるということをジョンと私が知っているような種類の事柄です。

(d)　そこで、私は自信と軽蔑の入り交じったように聞こえてほ

しいと思った声で,「いや, もちろん, そんなことはだめ
だ。」と言った。

3.11. 関係代名詞＋be 動詞の省略

(a) 一冊の本で出来ることはといえば, せいぜい, 最もしばし
ばぶつかるいくつかの発音上の困難点を扱うことぐらいで
す。

(b) 政府が直面している最も大事な緊急問題は, 組織労働者た
ちの支持を勝ち得ることです。

(c) 丘の向こうの入り江のそばにとても良い場所があった。そ
こには, 私の腕では抱えきれないくらい大きな木が何本か
あり, 座るのに適した柔らかな草地と岩があった。

(d) スミスが目下もくろんでいる計画について何か知っている
人は誰でも州警察に電話するべきです。

(e) 間もなく彼は返事を受け取った。それは印刷された手紙で,
内容は, 彼の制作した芸術作品の見本をいくつか送るよう
に, というものであった。

(f) 握り拳を頭の上に上げる仕草は, 試合に勝った後の感情の
高まりから来る勝利の喜びを表している。

(g) マザー・テレサは, 自分自身や彼女と一緒に働く尼僧のた
めの物は何も持たない。というのも, 彼女も言ったとおり,
「私たちには貧困, 本当の意味の貧困が必要なのです。貧
困と共にいれば, 私たちが一緒に働く大変貧しい人々のこ
とを理解するのに必要な, 何者にも縛られない自由の状態
になれるのです。」

(h) 明らかに, それに代わる残された唯一の代案は, その前置

詞句が前置されるのを許すことである。

3.12.　関係代名詞の先行詞

(a)　うまく舵を取るために時々ジョンは立ち上がらなければな
　　　らなかったが，立ち上がるのは危険なことであった。

(b)　図 9 と図 10 に示されている，この 2 つの案の相違点は，
　　　前者が一番上の線と一番下の線を区別するのに対して，後
　　　者はこれを区別しない，というところにあります。

(c)　あなたのお子さんの方が普通で，その子供たちはむしろ例
　　　外的です。ところで，子供たちは責任ある仕事を与えられ
　　　ると，時々そのように並外れた振る舞いをすることもある
　　　のです。

(d)　それで，もしあなたがお仕置きを受けるとすると，その男
　　　の子たちと一緒に座らせられることになるでしょうが，私
　　　はそんなこといっこうにかまいません。

(e)　この少年は丁重な感じの少年に思われたが，彼があのデー
　　　トーン通りに住んでいたことを思えば，そのようなことが
　　　あるなんて珍しいことであった。

(f)　心にとめておかなければならないこととして，（この表記
　　　法に従うと）強勢の強さが大きくなるに従って，それを表
　　　す数字が小さくなるということがあるが，このことは，明
　　　らかに，この表記法の持つ不便な点である。

(g)　テヘラン放送によると，イラン南西部の港町アバダンの劇
　　　場が猛火に包まれ，377 人の死者を出したとのことである
　　　が，この悲劇は，公式筋によると，イスラム過激分子によ
　　　る仕業であるとされている。

3.13. 非制限的用法の関係詞節

(a) どうしても食べようとしない人質——その人の名前を彼は言いませんでしたが——そのような人質が一人いるのを実際知っていると彼は言いました。

(b) その学生たちはあきらめるべきだと思います。だって，率直に言って，彼らは訴訟に負けたのですから。

(c) 私たちはシェリーのことを天才だと思いましたが，実際彼女はそのように見えたのです。

(d) ベティーが解雇されたのは私にとって大きな驚きです。そんなことがあろうとは思ってもみなかったからです。

(e) 清教徒たちは，たとえばステンドグラス付きの窓のような外面的事物は一切用いないようにしたいと願っていた。というのは，そういった物は本当の信仰の妨げになることを悟っていたからです。

3.14. 不定詞の形容詞的用法

(a) その仕事を最初にすべき人はスーザンです。

(b) 「だって，つまり，それはそんなことが本当に起こったなんてことは全くあり得ないように思えるようなことなんです。」

(c) その大統領は国民投票によって打ち負かすのが難しいような人です。

(d) フロリダはもはや単に冬を過ごすのに快適な場所というだけではありません。

(e) 私はひげを剃るためのカミソリを買いました。

(f) 私はその人からあなたが切符を買うことができる座席案内

係を一人見つけました。

(g) ジョンはその棚を修繕するのに必要な道具を彼女に手渡した。

(h) 鈴木大拙は自らのことを，禅を西洋に伝えるための一道具にしか過ぎないとみなしていたので，大拙の生きた道を1つの触媒として，西洋に禅を伝えるというこの仕事をさらに続けて行こうとする人たちは，彼のことを賞賛してやまない。

第4章　時制・助動詞表現

4.1.　時を表す条件節

(a) もしその手紙が明日到着すれば，我々はもうだめだ。

(b) もしジョンがそのときまでにそのレポートを読み終えていれば，昼食の時にそのレポートの簡単なコメントをあなたにしてくれることでしょう。

(c) 自分の力で生き延びる技を身につけたとき，そのゴリラは自然の環境に戻されることになるだろう。

(d) もしあなたが早めに来る意志があるならば，あなたに十分な支払いをするように取りはからいましょう。

(e) ここで待っていて下さるなら，タクシーを呼んできましょう。

(f) 母親たちは，子供たちが学校から家に帰ってきたときに家にいてやれないことに対して，罪の意識を感じながら，朝家を出るのである。

220

4.2. will と be going to

(a)　もしトムが試験に合格したら，彼の父はトムに自転車を買うことにしています。

(b)　もしトムが彼の父に自転車を買ってほしいと頼んだら，父はおそらく買ってくれるでしょう。

(c)　お茶を一杯飲むことにしよう。

(d)　どうも試験に合格しないのではないかと思う。

(e)　この分だと，どうも流感にかかりそうだ。

(f)　ビルはジョンの父であり，ジョンはトムの父である。したがって，ビルはトムの祖父であろう。

(g)　近頃では，道路に立ってつばを吐くと，つばが必ず大学生に掛かると言っていいくらい大学生が増えたね。

4.3. 進行形の未来時制用法

(a)　今すぐそちらに行きます／参ります。

(b)　明日お目に掛かりましょう。

(c)　試合は明日の2時半に始まります。

(d)　汽車は8時に到着するでしょう。

(e)　あなたは新しい家にいつお引っ越しなさいますか。

(f)　私はそれを友人から買いました。彼は新しいのを買うつもりです。だから，古いのを私に売ってくれました。

(g)　バーバラは一次試験に合格したので，来年最終試験を受けることになっている。

(h)　叔母が訪れてきて私たちのうちに数日間滞在することになっていた。

(i)　このことが起こるまでは，ジョーンズは外出を許されるこ

とになっていた。

4.4.　進行形にならない動詞

(a)　私は今日の午後叔父の所に行くつもりです。

(b)　メアリーおばさんは子供たちの世話をしています。

(c)　その医者は骨が折れていないかどうか調べるために少年の腕に触って診察していた。

(d)　ほら，また文句が！　君はいつもぼくのあら探しばかりしているじゃないか！

(e)　ジョンの振る舞いは気に触ります。

(f)　「おい，君，そいつはちょっとばかり無愛想じゃないか。」「それは失礼いたしました。もう何も言いませんよ。」

(g)　「こんなことを申し上げてもお怒りにならないでいただきたいのですが，あなたはこのことに関して，少しメロドラマ的になっていらっしゃるように思います。」

(h)　この国では，新型コロナウイルスのため毎日 2,200 人もの人が死んでいく。

4.5.　could で言い換えられない was able to

(a)　彼は邪魔されることがなかったので，夕方までにやり終えることができた。

(b)　コック長はアメリカ先住民の酋長であった。彼はよく好まれるフランス料理のほとんどの調理法をこなすことができた。

(c)　最後になって，働き手が何人かその国の別の地域からやって来たので，地主の作物が被害を受けて完全にだめになる

前に刈り入れることができた。

(d) 彼は黒人たちが何を一番必要としているか，また，それを手に入れるために彼らは何ができるかということを理解しているようであった。

(e) 南部の諸州においては，彼らは白人たちと同じ食堂で食事をしたり，同じ手洗いを使ったり，列車やバスの中で同じ座席に座って旅行したりすることはできなかった。たとえ，彼らが金持ちになったとしても，他のアメリカ人と同じように生活することはできなかった。

4.6. 仮定法現在

(a) 学生諸君は授業に出てくるときは，常に宿題を終えているようにしてほしい。

(b) 千人の人が戦争で死ぬことよりも，ジョンが死ぬ方がましだ。

(c) 彼が自分の欠点を認めるのは良いことです。

(d) 彼は彼女がギリシャ語を知っていると言い張り，また，彼女は彼の方こそギリシャ語を知っていると言い張った。

(e) 私たちみんなが読むようにとジョゼフが勧めたその本は，図書館にはありません。

4.7. 仮定法の中の隠された条件

(a) もし大尉の命令どおりに直ちに馬に乗り，リブジー先生を呼びに行っていたとしたならば，母をただ一人無保護のまま置き去りにしていくことになったであろうが，そのようなことは私には思いも寄らないことであった。

(b) その議論全体の内容をここで要約するとしたら，もっともっとページ数が必要になることでしょうから，その論文を読者の皆様がご自身で読んで下さることをお勧めいたします。

(c) 彼女の家は彼女の兄のせいで没落してしまっていたし，また，以前旅役者の妻であったような女と結婚しようなどとは，まじめな男なら誰も思わないだろうということも彼女にはわかっていた。

(d) 「せめて，どの数字がどの線の所に収まるのかについて，少々のヒントをくださるわけにはいきませんか。」「そんなことをしたら，不正を働いたことになります。」と彼は言った。

(e) まじめな理由が何もないのだったら，あなたの邪魔をしようなどとは考えてもみなかったことでしょう。

(f) 仮に彼女と私がけんかをしているものとしてみましょう。あなただったら，私たちのけんかをどのように収めるでしょうか。

(g) もし今述べたことが大変驚くべきことのように思われるのでしたら，周りをちょっと見回してご覧なさい。そうすれば，それが本当であることがいろんなことからわかるでしょう。

(h) 「1950 年代および 60 年代の日本──この時代に，日本語で書かれた写本の大部分を手に入れたのですが──その時代の日本では，稀覯本を買うだけの金のある人はほとんどいなかったので，今日ならおそらく国宝になるだろうと思われるような，きわめて貴重な多くの品が非常に安い値段で手

に入りました。」と村瀬氏は説明した。

第 5 章　不定詞・従属節を含む文

5.1.　can't seem to の構文

(a)　子供たちはその指示に応じた疑問文を作ることができない
　　ようである。

(b)　エイブはその家賃を払うだけの経済的余裕がないようだ。

(c)　トムはどうしても右と左の区別がつかないようだ。

(d)　スーザンは眠りそうになるのをどうしようもないようだ。

(e)　A:　「さあ，楽にしてください。」
　　B:　「できそうにありません。」

5.2.　不定詞の意味上の主語

(a)　大尉は部下たちに攻撃するよう命じた。

(b)　就学児童を工場で雇うのは許されなかった。

(c)　学生はこの授業を受けることを要求されている。

(d)　1.　ジョンは早く出かけるように先生に頼んだ。
　　　2.　ジョンは早く出かけることを許可してほしいと先生に
　　　　頼んだ。

(e)　= (d) 2.

(f)　ロシアの外交官の 16 歳になるその息子は，自分が大統領
　　に手紙を書いて，アメリカに留まることを許可してほしい
　　と誓願したことを否定した。

(g)　私は真実を知ることを要求する。（= 私は真実が知りたい
　　のだ。）

(h)　4時間ごとにスプーン一杯分を飲むようにと瓶に書いてあ
　　　ります。

5.3.　easy＋不定詞の構文（tough 構文）

(a)　この川で泳ぐのは危険です。

(b)　彼女がいろいろとつらい目に会ったという話は聞くに忍び
　　　なかった。

(c)　彼の数々の冒険についての話は聞いていてわくわくした。

(d)　一緒に議論するのが難しいような人がこの論文を書いたの
　　　です。

(e)　私って，そんなに簡単に忘れられてしまうの。

(f)　私にとって受け入れがたいと思われるのは，これまで公に
　　　された他の人による分析では，そのような困難点が全く生
　　　じないとする考えです。

(g)　月曜日までにその本を読み終えるようにやってみることを
　　　クラスの学生にあなたが納得させるのは不可能でしょう。

(h)　彼女のネグリジェは特別にできていなければなりません。
　　　というのも，昏睡状態の患者に服を着せるのは容易なこと
　　　ではないからです。

5.4.　形容詞 pretty＋不定詞

(a)　そのバッグはあまりに重くて運べない。

(b)　この花はいい臭いがする。

(c)　この床はダンスをするには滑りやすい。

(d)　その食べ物はおいしい。

(e)　メアリーは優雅に人とダンスをする。

5.5. 形容詞＋前置詞句，形容詞＋that 節

(a) 彼は合格したので喜んだ。

(b) 私は彼にはそれができるんだということを彼に納得させた。

(c) 私はメアリーが来るのを心待ちにしています。

(d) この商品がイギリスの主婦たちにこんなに人気があるのは，その名前がとてもふさわしい響きを持っているからであろうと私は確信しています。

(e) どんなふうに答えたとしても，法律違反に問われるのではないかということを彼は心配した。

(f) その組織は，すべての決定が合意により，意見の一致により，さらにまた，一人ひとりが等しく意見を述べる機会を与えられることにより行われる組織です，とガンジーは述べた。

5.6. 結果を表す不定詞

(a) ある晩のこと，泥棒がその小屋にやって来たが，盗むものが何もないことがわかった。

(b) 彼がグラスを再びなみなみと満たして，振り返って見ると，目の前に母が立っているのだった。

(c) 青々とした太平洋のずっと沖の方に，火山の山脈が海底から頭をもたげ，ハワイと呼ばれる群島を形成している。

(d) ちょうど良いときに，ダイダロスは若い息子イカロスの助けによって何とかその塔から脱出したが，結局はクレタ島で捕虜になってしまうのだった。

(e) 1987 年の国際女子駅伝競走において，ポルトガルのスー

パースター，マラソンランナーのロザ・モタは，第 2 区間の 10 キロメートルで，前を走っていた 9 人の走者を追い越し，ポルトガルチーム優勝への大きな役割を果たした。

(f)　ジェフは長年の間，魔法使いのための学校で魔法の勉強をするが，結局は間違った魔力の使い方をして，世の中に不幸のもとをもたらすだけとなる。

(g)　大相撲初場所 12 日目，横綱千代の富士は，大関北天佑を高々とつり上げて土俵の外に押し出し，依然としてリードを続けています。

5.7.　否定文における because 節の解釈

(a)　1.　彼は病気なので，授業には出てきません。

　　　2.　彼が授業に出てくるのは，（今回は）病気だからではありません。

　　　［注：病気になると授業に出てくるような（変わった）学生がいる場合のことを前提としている解釈］

(b)　彼は授業には出てきません。だって，今し方サンディエゴから彼が私に電話をかけてき（て「授業サボるよ」と言ってい）たのです。

(c)　1.　私が彼の奥さんに話をしたので，彼は奥さんを殴るのです。

　　　2.　彼は奥さんを殴ります。だって，私は奥さんと話をしてそれを確かめたのです。

(d)　ここから出て行ってください。だって，私には仕事があるのです。

(e)　彼は早く家に帰りました。だって，私は彼が出掛けるのを

見たので知っているのです。

5.8.　if anything

(a)　彼は少数ではあったが，熱心な聴衆の前で話をした。

(b)　彼女は今日は，どちらかと言えば，いつもより少し良く
なっています。

(c)　ダイアナは少なくとも 100 歳に達しているに違いないのだ
が，好きなことなんでも自分でできるのです。

(d)　自分の母国語の規則がどんなものであるかということを，
たとえ話し手が言えることがあるとしても，それはまれに
しか見られないことです。

(e)　もしこの 2 つの提案のうち，どちらかが支持されるとした
ら，以下に示すデータにより支持されるのはどちらの方で
しょうか。

(f)　そのようなずっと昔の時代には，女性たちは今日の女性た
ちと全く同じ程度に解放されていました。いやむしろ，女
の方が亭主を尻に敷いていたのです。

5.9.　if not の構文

(a)　問題に対するその取り組み方は，たとえ易しいとは言えな
いまでも，単純なものではある。

(b)　質のよい情報が得られない場合には，聡明な決定を下すこ
とが，たとえ不可能ではないにしても，困難になる。

(c)　本当の意味での不満にも根拠があるというわけではないに
しても，対抗心がもたらす論争には，明らかにそれなりの
根拠がある。

(d)　ディキンソンまでは，夏なら車で半時間，冬なら，少なくとも2時間程度かかる道のりだった。

(e)　ガンディー首相がシン大統領と仲違いしたということは，たとえ民衆の抱いている危惧の念をあおることはないにしても，反対派の人々に希望を抱かせるような問題として今後も残るであろう。

(f)　しかしながら，このような一連の出来事により，彼はおそらくほかの人たちと同じ程度に——たとえ，それ以上ではないにしても——ショックを受け，また不愉快な気持ちになったことであろうと，実際私たちは思っています。

5.10.　though／as 節における補語の前置

(a)　彼女は雄弁ではあったが，彼らを説得することはできなかった。

(b)　彼は悪い政治家ではあるが，みんなから高く評価されている。

(c)　私はシェイクスピアの喜劇を大いにすぐれていると思うが，悲劇よりもすぐれているという意見には賛成できない。

(d)　彼は人柄はいいのだが，どちらかと言うと，スローモー型の勉強家だった。

(e)　その効果は広く行き渡っているかも知れないが，中西部は今なお不況のあおりをまともに受けている。

(f)　貧乏だったけれども，彼らは慈善事業に金を寄付した。

5.11.　付帯状況の with

(a)　見ろ！彼は目を開けたまま寝ているぞ！

(b) カルカッタのマザー・テレサは，貧しい人々の中の最も貧しい人たちの所にただ一人で，それもポケットにあるのはたった2，3個の硬貨だけという状態で出掛けて行き，世界中の人から注目されている。

(c) 原始時代の人類の間では，男の狩人がしばらくの間仲間たちのもとを離れ，殺した獲物を持って帰ってくるというように，主な仕事の分担が決まっていた。

(d) 東京大学および一橋大学は金曜日に入学試験の最終的結果を発表したが，それによると，両大学とも，以前に計画していたよりも 16 ～ 18 パーセント多めの学生を受け入れたことになる。

(e) 私があなたの収入を補足しない限りは，おそらく，あなたはやっていけないでしょう。

(f) もう 1 つの危機を食い止めるために，経営陣はサービスのいくつかを削減することを考えているが，日曜日のサービスもその 1 つです。

第 6 章　等位接続

6.1.　否定文 not (A and B) の解釈

(a) 魚を釣ったら，食べないわけにはいかないよ。

(b) 「私にも話を聞かせていただかなければなりません。」と彼女は悲しげな調子で言った。「自分には関係ないという態度を取って，本当のことを知らないでいるなどということは私にはできませんもの。」

(c) ねえ，トム。郵便が来て私が洗い物をしているようなとき

には，「ぼくが取ってこよう。」と言っておきながら，そこ
に座って T. S. エリオットをまだ読んでいるなんてしない
でちょうだい。

(d) 言語学者にとっては，選択できる 2 つの用法のうち，一方
が「正しく」て他の方が「誤り」であるということではなく，
その 2 つは単に用法が異なるだけである。

(e) 女に生まれながら，不器量で，ちっとも魅力がないという
のは，何と惨めなことでしょう。代わりに何か特技がある
とか，才能に恵まれているというようなことがない場合に
は特にね。

(f) 我々が死んだとしても，月曜日になるまで誰も気がつかな
いということだってありうる。

6.2. try and の構文

(a) 今の私はそんなんではないということをわかっていただけ
ませんか。

(b) 車を借り（て帰り）なさい。明日私があなたの所に取りに
行きますから。

(c) トムは明日きっとベティを訪問するに違いない。

(d) もっと金がほしかったら，仕事を始めなさい。

(e) そのうちに君のうちのプールに泳ぎに行くからね。

(f) ジョニー，あなたの夕食を取りにいらっしゃい！

(g) 今からエレインに電話をしてみよう。

参考文献

Aart, Bas, James Close and Sean Wallis (2010) "Recent Changes in the Use of the Progressive Costruction in English," *Distictions in English Grammar*: *Offered to Renaat Declerck*, ed. by Bert Cappelle and Naoaki Wada, 148–167, Kaitakusha, Tokyo.

荒木一雄 (編) (1996)『現代英語正誤辞典』研究社出版, 東京.

有村兼彬 (2001)「関係節 (relative clause)」中島 (2001), 327–345.

Austin, J. L. (1962) *How to Do Things with Words*, Oxford University Press, London.

ベレント, エリック (Erich Berendt) (1979)『英語がうまくなる 100 日コース』(II)(Brush Up Your English II), 細井教生 (解説), 朝日イブニングニュース社, 東京.

Caponigro, Ivano (2019) "In Defense of What(ever) Free Relative Clauses They Dismiss: A Reply to Donati and Cecchetto (2011)," *Linguistic Inquiry* 50, 356–371.

Chiba, Shuji (1973) "The Movement of Post-Copular NPs in English," *Studies in English Linguistics* 2, 1–17.

千葉修司 (1977)「潜伏疑問文と WH 句の意味解釈について」『英文学研究』54 (1)(2) 合併号, 167–179.

千葉修司 (1995)「補文標識 that の消去──That 消去の現象を中心に──」『津田塾大学紀要』No. 27, 1–44.

千葉修司 (2005)「文法の成果を学習英文法に役立てる」『英語青年』151 (3), 2–3.

千葉修司 (2013)『英語の仮定法──仮定法現在を中心に』(開拓社叢書 23), 開拓社, 東京.

千葉修司 (2018)『英語の時制の一致──時制の一致と「仮定法の伝播」』(開拓社叢書 32), 開拓社, 東京.

千葉修司 (2019a)『英語 tough 構文の研究』開拓社, 東京.

千葉修司 (2019b)「文法研究から学習英文法へ」『学問的知見を英語教育に活かす―理論と実践』野村忠央・女鹿喜治・鴇﨑敏彦・川﨑修一・奥井裕（編），31-56，金星堂，東京.

千葉修司 (2021)『学習英文法拡充ファイル』（言語・文化選書88），開拓社，東京.

Crystal, David (2019) *The Cambridge Encyclopedia of the English Language*, 3rd ed., Cambridge Univercity Press, Cambridge.

Culicover, Peter W. (1976) *Syntax*, Academic Press, New York.

Cutrer, L. Michelle (1994) *Time and Tense in Narrative and in Everyday Language*, Doctoral dissertation, University of California, San Diego.

Elliott, Dale E. (1974) "Toward a Grammar of Exclamations," *Foundations of Language* 11, 231-246.

福地肇 (1995)『英語らしい表現と英文法―意味のゆがみをともなう統語構造』研究社出版，東京.

Hornstein, Nobert and David Lightfoot (1987) "Predication and Pro," *Language* 63, 23-52.

Hurford, James R. (1973) "Deriving S from S + *Is*," *Syntax and Semantics*, Vol. 2, ed. by John P. Kimball, 247-299, Taishukan, Tokyo.

池内正幸 (1985)『名詞句の限定表現』（新英文法選書6），大修館書店，東京.

石居康男 (1985)「I have a topic on which to work.」（英文法研究の最前線⑤）『英語教育』8月号，72-74.

Jacobsen, Bent (1986) *Modern Transformational Grammar,* North-Holland, Amsterdam.

Jenkins, Lyle (2000) *Biolinguistics: Exploring the Biology of Language,* Cambridge University Press, Cambridge.

Jenkins, Jennifer (2009) *World Englishes: A Resource Book for Students*, 2nd ed., Routledge, London.

Jespersen, Otto (1927) *A Modern English Grammar on Historical Principles*, Part III, Carl Winters Universitätsbuchhandlung, Heidelberg.

Jespersen, Otto (1933) *Essentials of English Grammar*, George Allen and Unwin, London.

加賀信広（2001）「数量詞の作用域（quantifier scope）」中島（2001），771-783.

Kajita, Masaru（1977）"Towards a Dynamic Model of Syntax," *Studies in English Linguistics* 5, 44-76.

梶田優（1980）"Grammatical Notes"（B. H. Liddell Hart, *Why Don't We Learn from History?* の編注付き英語テキスト，pp. 84-92），朝日出版，東京.

梶田優（1984）「英語教育と今後の生成文法 1-6」『言語普遍性と英語の統語・意味構造に関する研究』昭和 57・58 年度科学研究費補助金一般研究 B（課題番号 57450040）研究成果報告書，60-94.

Kanetani, Masaru（2019）*Causation and Reasoning Constructions,* John Benjamins, Amsterdam and Philadelphia.

Kayne, Richard（1981）"ECP Extensions," *Linguistic Inquiry* 12, 93-133.

Kuno, Susumu（1974）"The Position of Relative Clauses and Conjunctions," *Linguistic Inquiry* 5, 117-136.

久野暲・高見健一（2017）『謎解きの英文法　動詞』くろしお出版，東京.

栗原裕ほか（1990）『Gateways to Reading IIB』（文部省検定済教科書）開拓社，東京.

河野継代（2012）『英語の関係節』（開拓社叢書 21），開拓社，東京.

Langendoen, D. Terence（1970）"The 'Can't Seem To' Construction," *Linguistic Inquiry* 1, 25-35.

Lasnik, Howard（2003）*Minimalist Investigations in Linguistic Theory*, Routledge, London.

中島平三（編）（2001）『[最新] 英語構文事典』大修館書店，東京.

中尾俊夫（2003）『変化する英語』ひつじ書房，東京.

岡田伸夫（1987）「関係代名詞の省略」『言語習得理論にもとづく英文法総合研究』昭和 61 年度科学研究費補助金一般研究 A（課題番号 60301062）研究成果報告書（研究代表者：梶田優），191-208.

岡田伸夫（2001）『英語教育と英文法の接点』美誠社，京都.

大塚高信・中島文雄（監修）（1982）『新英語学事典』研究社，東京.

Quirk, Randolph, Sydney Greenbaum, Geoffrey Leech and Jan Svartvik

(1972) *A Grammar of Contemporary English*, Longman, London.

Quirk, Randolph, Sydney Greenbaum, Geoffrey Leech and Jan Svartvik (1985) *A Comprehensive Grammar of the English Language*, Longman, London.

Robbins, Beverly L. (1968) *The Definite Article in English Transformations*, Mouton, The Hague and Paris.

Ross, John R. (1970) "On Declarative Sentences," *Readings in English Transformational Grammar*, ed. by R. A. Jacobs and P. S. Rosenbaum, 222-272, Ginn and Company, Waltham, MA.

Rutherford, William E. (1970) "Some Observations concerning Subordinate Clauses in English," *Language* 46, 97-115.

Scheurweghs, G. S. (1959) *Present-Day English Syntax: A Survey of Sentence Patterns*, Longmans, London.

Śmiecińska, Joanna (2002/3) "Stative Verbs and the Progressive Aspect in English," *Poznań Studies in Contemporary Linguistics* 38, 187-195, Adam Mickiewicz University, Poznań.

Sweetser, Eve E. (1990) *From Etymology to Pragmatics: Metaphorical and Cultural Aspects of Semantic Structure,* Cambridge University Press, Cambridge.

鷹家秀史・林龍次郎 (2004)『詳説レクシスプラネットボード』旺文社, 東京.

高見健一 (1998)「John promised Mary to leave. は正用法か？」『英語青年』144 (4), 200-201.

Trotta, Joe (2011) "Time, Tense and Aspect in Nonstandard English: An Overview," *Tid och tidsförhållanden i olika språk*, 139-158, University of Gothenburg, Göteborg.

Van Riemsdijk, Henk (2017) "Free Relatives," *The Wiley Blackwell Companion to Syntax*, 2nd ed., ed. by Martin Everaert and Henk van Riemsdijk, 1664-1710, Blackwell, Malden, MA.

八木孝夫『程度表現と比較構造』(新英文法選書 7), 大修館書店, 東京.

安井稔 (編) (1987)『[例解] 現代英文法事典』大修館書店, 東京.

辞書

『ジーニアス英和辞典』第 5 版 (2014) 大修館書店, 東京.

索　　引

1. 日本語は五十音順に並べた。英語（で始まるもの）はアルファベット順で，最後に一括した。
2. 〜は直前の見出し語を代用する。
3. 数字はページ数を表す。n は脚注を表す。

千葉　修司　（ちば　しゅうじ）

　1942 年福井県生まれ。1965 年東京教育大学文学部（英語学専攻）卒業。1968 年同大学大学院修士課程（英語学専攻）修了。1970 年同大学院博士課程（英語学専攻）中退。大妻女子大学専任講師，津田塾大学教授を経て，現在，津田塾大学名誉教授。

　主な著書・論文：*Present Subjunctives in Present-Day English*（篠崎書林, 1987），"On Some Aspects of Multiple Wh Questions"（*Studies in English Linguistics* 5, 1977），"On Transitive Verb Phrase Complementation in English"（*English Linguistics* 2, 1985），"Non-localizable Contextual Features: Present Subjunctive in English"（H. Nakajima (ed.), *Current English Linguistics in Japan*, Mouton de Gruyter, 1991），"Licensing Conditions for Sentence Adverbials in English and Japanese"（S. Chiba et al. (eds.), *Empirical and Theoretical Investigations into Language*, 開拓社, 2003），『英語の仮定法—仮定法現在を中心に—』（開拓社, 2013），『英語の時制の一致—時制の一致と「仮定法の伝播」—』（開拓社, 2018），『英語 tough 構文の研究』（開拓社, 2019），『学習英文法拡充ファイル』（開拓社, 2021）など。

英文を正しく理解するための　　　　　＜一歩進める
学習英文法のコツ　　　　　　　　　　英語学習・研究ブックス＞

2021 年 10 月 26 日　第 1 版第 1 刷発行

著作者　　千葉修司
発行者　　武村哲司
印刷所　　日之出印刷株式会社

発行所　　株式会社　開拓社

〒112-0013 東京都文京区音羽1-22-16
電話　（03) 5395-7101（代表）
振替　00160-8-39587
http://www.kaitakusha.co.jp